くらべて分かる

違いと特徴でみる仏教

大法輪閣編集部 編

大法輪閣

【目次】

第一部　さまざまな仏教——どこが違うか　5

第二部 日本仏教――お寺と宗派の見分け方 109

装丁…清水良洋（Malp-Design）

第一部

さまざまな仏教—どこが違うか

スワン・ドック寺内部（タイ・チェンマイ）

大乗仏教と原始仏教

●「大乗」という言葉

日常語となった仏教語のなかで、「大乗的立場に立って」とか「大乗的見地から」などというように、「大乗」という言葉は、ちょっと改まった場面でよく使われています。いくつかの異なる意見などがあって結論を出すとき、「小異を捨てて大同につく」という程の意味で使われることが多いようです。

この場合、異なる意見の一方をとって他方を捨てるのではなく、むしろ対立するものを統一した立場が「大乗的立場」とされているのです。私たちの「大乗」という言葉の使い方には、大乗仏教の本質に対する実に深い理解が示されている、と私は思います。

「大乗」に対するものは「小乗」ですが、自分たちの主義主張に合わないものを「小乗」として切り捨てる態度は、まさに「大乗的」ではありません。大乗仏教はブッダ自身の教えはもとより、その後のインドのさまざまな宗教的な要素を総合してより高くより広い人間観にもとづく救済理論による宗教運動であったという点が重要です。したがって、「大乗仏教と原始仏教の違い」

といっても、原始仏教と対立、否定するものとして大乗仏教をとらえようとすると、ブッダの心を見失うことになりかねないと思います。

原始仏教とは、一般にブッダによってはじめられた仏教教団が仏滅一〇〇年頃に部派《ぶは》に分裂する頃までの仏教、あるいは、前三世紀のマウリヤ王朝アショーカ王の時代頃までの最初期の仏教をいいます。

西暦紀元前後の頃、それまでの仏教教団が部派と呼ばれる多くの学派に分裂し、僧院に住む出家者を中心としたものであったのに対し、出家・在家を問わず、すべての人々の救済を目指す宗教運動がはじめられました。地域的には西北インド、現在のアフガニスタンのバーミヤンからパキスタンのガンダーラ地方に及ぶ地域と推定されています。

ガンダーラ・タキシラの仏塔

彼らは自分たちの仏教を「マハー・ヤーナ」、すなわち「大きな乗り物」「偉大な教え」と名付け、自らを菩薩と呼ぶとともに仏像を作って諸仏諸菩薩を信仰し、また、多くの大乗経典を作成しました。「大乗」という言葉は、古い『般若経』のなかではじめて使われたとされています。

●経典と教え

大乗仏教と原始仏教とを比べて明確に異なるのは、経典の数と性格です。仏滅後、ブッダの教説は「経」、戒律は「律蔵《りつぞう》」として編集されました。これらは「原始経典」と呼ばれ、南方上座部に伝わる経典は、パーリ語で書かれた『長部』『中部』『相応部《そうおうぶ》』『増支部《ぞうしぶ》』『小部』の五部、漢訳された経典は『阿含経《あごんきょう》』（アーガマ、「伝承された聖典」）と呼ばれ、『長阿含《じょうあごん》』『中阿含』『増一《ぞういつ》阿含』『雑《ぞう》阿含』の四阿含です。五部と四阿含の内容は完全に一致するわけではありませんが、古い経典のなかにはブッダ自身の言葉（金口《こんく》の説法）が含まれている点に特色があります。

これに対して、大乗経典はその成立の歴史から初期・中期・後期に分けられ、その数の多いことと、「私はこのように聞いている」（如是我聞《にょぜがもん》）ではじまってブッダによって説かれたという形式をとりながらも、それぞれの経典が独自の主題を持っていることが、原始仏教と異なる点です。

例えば、大乗仏教運動の最初期に成立した『般若経』は「智慧の完成（般若波羅蜜《はんにゃはらみつ》）」「六つの智慧の完成行（六波羅蜜）」「一切皆空《いっさいかいくう》」などを主題とし、『法華経』はブッダの永遠性（久遠実成《くおんじつじょう》の仏）、ブッダの一乗《いちじょう》だけが真実であること、観世音菩薩の信仰などを主なテーマとして掲げ、「浄土三部経」（『阿弥陀経』『無量寿《むりょうじゅ》経』『観《かん》無量寿経』）は阿弥陀仏による極楽往生を主題としています。

また、中期大乗経典は如来蔵《にょらいぞう》や仏性《ぶっしょう》、唯識《ゆいしき》思想などをテーマとし、後期大乗経典は密教思想を主なテーマとしています。

これらの大乗経典のなかには、すでに原始経典のなかに「芽生え」として説かれているものも少なくなく、それらを大乗経典は「大きな、偉大な乗り物」の立場から発展させました。例えば、『般若経』の主張する「一切は空である」という教えも、原始仏教ですでに「四法印《しほういん》」の一つとして説かれていますが、『般若経』では「智慧の完成」というテーマのもとで、「六つの智慧の完成行」などと関連して新しい意味と目的をもって説かれるようになったのです。

『般若経』の目指す智慧の完成は、僧院のなかの修行によって成就されるのではなく、空にもとづくとらわれのない心で慈悲行が行われたとき、はじめて真実の智慧が完成されたとされるのです。智慧のはたらきと慈悲行は一体である（智悲不二《ちひふに》）という主張は、大乗仏教の教えの基本であるといってよいと思います。

●すべての人が菩薩である

大乗仏教が成立する前の部派仏教の時代には、出家修行者は阿羅漢《あらかん》と呼ばれる聖者になることを最高の理想としていました。これに対して、大乗仏教では出家修行者も在家の信者も、すべて自分自身を菩薩と呼び、慈悲にもとづく利他行《りたぎょう》を行い、ブッダそのものとなることが目的とされました。

ガンダーラの弥勒菩薩像

菩薩とはボーディサットヴァの音訳で、「悟り（ボーディ）を求めている有情《うじょう》」の意味です。仏教においては、だれでもが悟りを得ることができるとされるのですから、菩薩は「悟りを得ることが確定している有情」とも訳されます。

それまでの文献、特に『ジャータカ（本生話《ほんじょうわ》）』や仏伝経典のなかにも菩薩（ボーディサッタ）という言葉が使われていましたが、その場合の菩薩は、成道《じょうどう》前に前世で利他行を行っていたブッダ自身を指す言葉でした。

それに対して、大乗仏教では出家者も在家の信者も男も女も区別することなく、すべての人々にブッダとなる力がもともとそなわっていることを強調し、すべて人々が「悟りを求めている有情」「悟りを得ることが確定している有情」であるとされるのです。このような人間観は原始仏教との比較というよりも、他の諸宗教と対比して仏教の一大特色を示すものといってよいと思います。

●大乗仏教のブッダ観

大乗仏教運動の特色の一つに、仏像の作成があります。部派の時代にはブッダは菩提樹の枝や仏足《ぶっそく》などで表現され、ブッダ自身の像が表現されることはありませんでした。

西インドには多くの石窟寺院がありますが、紀元前二世紀頃作られたカールリーやバージャー石窟寺院のチャイティヤ窟（祠堂《しどう》）には、奥まったところにストゥーパ（塔）があるだけなのに対して、大乗仏教の時代に作られたアウランガバードやアジャンター、エローラの石窟寺院には、無数の仏菩薩の壁画が描かれ、尊像が彫られています。

これは大乗仏教のブッダ観、諸仏諸菩薩信仰にもとづくものであり、ここではブッダはもはや歴史的な存在を超えた信仰の対象としての存在となっています。

仏像のないストゥーパ（バージャー石窟）

前面に仏像があるストゥーパ（エローラ石窟）

大乗仏教においては、ブッダの全人格の絶対化がさらにすすみ、ブッダは広大無辺の慈悲そのもの（大慈大悲《だいじだいひ》）として信仰され、さらにブッダの大慈大悲を実践して人々を救済する者としての諸仏諸菩薩の信仰が盛んになりました。

その名号《みょうごう》を称《とな》える者は必ず極楽浄土に往生できるという阿弥陀仏、宇宙の真理そのものを表す真言密教の教《きょう》主《しゅ》・大日《だいにち》如来、未来世《せ》においてシャカ仏にかわって救済活動を行う弥勒《みろく》菩薩、地獄の底まで下りて苦しむ者を救う地蔵菩薩、三十三の化身《けしん》を現してこの世のすべての人々を苦しみから救う観世《かんぜ》音《おん》菩薩の信仰などは、大乗仏教の救済理論と諸仏菩薩の信仰の一致を示す特色です。

ブッダの教えは、もともと苦悩する人々を悟りへと導こうとするものであり、このブッダの心は原始仏教から大乗仏教へとひきつがれ、大きく展開したことを忘れてはならないと思います。

（菅沼　晃）

ヒンドゥー教と仏教

●身分差別と平等

ヒンドゥー教といいますのは、身分差別を前提として成り立っている宗教です。インドの身分差別は、いわゆるカースト制というものです。「カースト」に相当するインドの言葉には、「色」を意味する「ヴァルナ」と「生まれ」を意味する「ジャーティ」とがあります。

ヴァルナ制でいいますと、上から、祭官《さいかん》を固有の職業とするバラモン階級、政治を固有の職業とするクシャットリヤ階級、商業・工業・農業に従事する庶民であるヴァイシヤ階級、これらの三階級に奉仕する隷民《れいみん》であるシュードラ階級とがあります。これは四姓《しせい》といわれます。そして、それよりもさらに下に、ヴァルナに属さない階級、いわゆるアウト・カーストがいます。

アウト・カーストは、しばしば不可触民《ふかしょくみん》（アンタッチャブル）といわれ、ヒンドゥー教徒であるのにもかかわらず、ヒンドゥー教徒としての権利が著しく侵害されています。例えば、彼らはヒンドゥー教徒であるにもかかわらず、汚れているとの理由でヒンドゥー教の寺院に参拝することすら認められません。

また、ヒンドゥー教では、男女の差別もうるさくいわれます。

しかし、仏教の開祖ゴータマ・ブッダは、階級の違いも男女の違いも意に介さず、万人に平等に教えを説きました。

こういうわけで、独立インドの憲法起草委員長を務めた不可触民階級出自のアンベードカル博士は、不可触民がヒンドゥー教徒であるかぎり理不尽な差別を免れないと考え、集団で仏教に改宗する運動を展開しました。今でもこの運動は続いていますが、多くの元不可触民たちが仏教徒となっています。こういう人たちは、新仏教徒（ネオ・ブディスト）といわれています。

今日では、全国各地に仏教寺院が建立され、世界の仏教徒からの支援を受けています。日本からも、佐々《ささ》井《い》秀嶺《しゅうれい》師をはじめとする方々が、インド仏教のために献身的な活動を展開されています。

ヒンドゥー教は身分差別を前提とし、仏教は身分差別を認めない。これが両者の大きな違いです。

●信愛と信頼

仏教でいわれる「信」の原語にはさまざまありますが、その中心は「シュラッダー」です。シュラッダーというのは、理性的に納得した上での信頼を意味します。ゴータマ・ブッダの生の言葉を伝えるパーリ仏典を読めば分かりますが、ゴータマ・ブッダは人々に実に懇切丁寧に教えを説いています。そして、教えを受けた人々は、充分に納得した上でゴータマ・ブッダとその教えに全幅の信頼を寄せるのです。

これに対して、ヒンドゥー教の信の中心はバクティ（信愛《しんあい》）です。バクティというのは、元々は家族愛のことです。家族愛に理屈はありません。他人同士なら絶交になるような喧嘩《けんか》をしても、家族同士なら、またすぐにべたべたと結びつきます。

ヒンドゥー教では、こうしたバクティを最高神に捧げるべきだとされます。家族愛のような、理屈抜き、無条件の、情愛を伴った信を最高神に捧げれば、最高神はそれをよしとして無条件に信者に恩寵《おんちょう》を与えるとされるのです。

南インド・チェンナイのヒンドゥー寺院

十二世紀に、南インドのラーマーヌジャという人が、バクティを中心とした神学体系を確立しました。彼が開いた学派は、その後二派に別れました。「猿の子流」と「猫の子流」です。猿の子流とは、猿の子が母猿に安全な場所に運んでもらうときには、自ら母親にしがみつかなければなりません。それと同じように、最高神の恩寵を受けるには、自らも努力をしなければならないといいます。これに対して、猫の子流は、猫の子が母猫に安全な場所に運んでもらうときには、自らは何もせず、ただひたすら母猫に自らを委《ゆだ》ねます。そのように、信者は、自らの非力を自覚して、最高神にすべてを委ねるべきであるというのです。

結局は、猫の子流の考え方が全インドに広まることとなりました。

シヴァ神とその妃ウマー（エローラ石窟）

猫の子流は、どこか親鸞聖人《しんらんしょうにん》の絶対他力《たりき》を彷彿《ほうふつ》とさせますが、日本独特のこの絶対他力もやはり仏教であり、まずはその考えに納得するという段階が要求されます。ですから、仏教の信は条件つき、ヒンドゥー教の信は無条件。この違いは大きいのです。

●神と人間

ヒンドゥー教では、最高神というものを立てます。最高神は、ヴィシュヌ神であったりシヴァ神であったりと、宗派によって異なりますが、ともあれ、最高神は世界を主宰《しゅさい》し、信を寄せる者に恩寵を授ける存在だと考えられています。最高神は、絶対的に超越的な存在だとされるのです。

これに対して、仏教では、最も位の高い存在は仏、そして次いで菩薩であり、最高神も含めて神々は仏教の守護者として位置付けられます。仏、菩薩は、たとえ大日如来や観音菩薩のようにすさまじい衆生《しゅじょう》救済力と智慧を持っているとしましても、あくまでも人間なのです。神ではないのです。

神々は、普通の人間（凡夫《ぼんぶ》）よりも、より苦しみが少なく、ハッピーな境涯であるということは、仏教でも認めるところです。しかし、最高神を含めて、神々というものは、善悪を選択する自由意志がないと、仏教は力説します。

つまり、神々はけっして嘘《うそ》をついたりなどの悪業《あくごう》を為すことはないとされますが、それは、善《ぜん》業《ごう》を選択する自由意志によってそうするのではなく、宿命的に（自動的に）そうするようになっているのです。ですから、神々は、自らの自由意志によって修行して解脱《げだつ》を目指すことができません。神々は、前世《ぜんせ》に人間であったときに積んだ善業の果報《かほう》をひたすら食いつぶすだけの存在でしかないのです。

その点で、神々は、人間の凡夫よりも劣っていると、仏教では強調されます。

善悪を自由意志によって選択することができるのは、神々ではなく人間だけです。そして、修行によって、輪廻《りんね》転生《てんしょう》の原動力である善悪の業を超越することができるのも、人間だけであって、神々には不可能なことなのです。

盲亀《もうき》の浮木《ふもく》・優曇華《うどんげ》のたとえでいわれますように、人間として生を受けるのはきわめて稀《まれ》なことです。しかも、人間として生まれて仏教の教えに接することができるのもきわめて稀なことです。このすばらしい奇跡的なことがらに出会ったならば、どうして人は仏道に精励《せいれい》しないことがあろうかと、これが仏教の基本的な考えです。

仏教の守護神としての神々は、尊くはありましょうが、仏道修行に精励することは不可能です。仏教では、修行している人、ゴータマ・ブッダのように修行を完成した人のほうが、神々よりもはるかに上位にいるとされるのです。

人間のほうが神々よりも上位に立つという考えは、世界の宗教広しといえども、仏教だけのものなのです。ですから、この点は、ヒンドゥー教と仏教との大きな違いということになります。

（宮元啓一）

ジャイナ教と仏教

●成立と広がり

ジャイナ教は、紀元前五〜六世紀ごろ、インドの地で生まれ、現在もなお生命を保っている古い歴史を持つ宗教である。この時代の東北インド（ガンジス河流域）というのは、仏教の開祖ゴータマ・ブッダ（釈迦）の活躍したのとほぼ同じ頃、同じ地方にあたる。

ジャイナ教の、いわゆる開祖はマハーヴィーラ（大雄《だいゆう》）という名前の人物であった。「いわゆる」というのは、パーサという先駆者が認められるので実際は改革者と呼ぶほうがふさわしいからである。ともかくマハーヴィーラはブッダの同時代人ということになる。

よく知られているように仏教は、世界宗教としてインドを離れ、華々しい大発展を遂げた。一方、ジャイナ教はインド国内に限定されて留まり、古い姿を今に伝えている。仏教と異なりジャイナ教はインド以外の地には伝わらなかったが、およそ二千五百年の長きにわたりインド文化に影響を与え続け、現在もなお篤信《とくしん》の在家《ざいけ》信者が存在している。その数およそ四百五十万人ほどで、全インド人口の〇・五パーセントに満たない少数であるが、有力な社会的勢力として無視のできない存在である。

寺院に安置されたマハーヴィーラの像

例えば、ジャイナ教徒の社会的評価という観点から見ると、インドの全個人所得税の二〇パーセントは人口わずか〇・五パーセントのジャイナ教徒が納めているという事実がある。このように人口的には少数派であるが、ジャイナ教がインド社会に確固とした地位を築いていることも、特筆に値する。特に、インド西部（マーハーラーシュトラ、グジャラート、ラージャスタン）や南部（カルナータカ）で勢力があり、経済界やインテリ層での要職を占めることが多い。

●類似点と相違点

ジャイナ教と仏教とは両者が姉妹宗教とか、双子の宗教などといわれているのも理由のないことではないといえよう。両者はインドの同じ時期、同じ地方で興起していることから、お互いにとてもよい比較の材料を提供している。

例えば、人生を苦であると見なすこと、輪廻《りんね》転生《てんしょう》、業《ごう》、過去仏《かこぶつ》思想をはじめとして、解脱《げだつ》、涅槃《ねはん》、戒律、特に五戒などはほとんど同じといってよい。両者の間には、何かしら起源を同じくする共通の基盤を感じさせるものがあるのである。

確かに、仏教の阿含《あごん》やジャイナ教のアーガマといった古い聖典のなかに、多くの類似表現が見られることから、時として両宗教の共通性のみが強調される傾向が我が国の学会に強いが、実際にはその共通表現は、聖典の文学的な比喩、汎《はん》インド的表現などに限られるのであり、表現の些細な共通性に留まるものも多い。

しかも、肝心の両教の教義の部分には、類似表現に関しては共通部分は案外少ないのである。このことが、最近の学者の研究によって次第に明らかになってきている。もちろん、両宗教の共通性の研究も進展を見せていることも事実である。これが、現在の両教の比較研究の現況である。

ここでは、従来いわれているようなジャイナ教と仏教の共通性にではなく、両教の違いの方に焦点をあてて、見ていくことにする。

●僧侶の姿

まず目に見える外観の違いであるが、僧侶の姿にしても、驚くべきことに、ジャイナ教空衣派《くうえは》（ディガンバラ派）の僧侶は、現在でも一糸まとわぬ裸形《らぎょう》である。これは祖師マハーヴィーラの姿に模したものであるといわれている。また、教理的には無所有の思想を具体的に形で表したものでもある。

一方、同じく無所有を標榜する仏教は、衣を身にまとっている。このように、同じ無所有を説くのであるが、ジャイナ教では、厳格にこれを守ろうとするのであり、一般に仏教は無所有を厳格には守っていない。

もっとも、ジャイナ教白衣派《びゃくえは》（シュヴェータンバラ派）の僧侶は白い色の衣を身につけているので、仏教と白衣派の僧侶の着衣の比較が可能である。

●霊魂と創造者

さらに、重要な教理の違いを見ると、インドでは輪廻の主体として、個人のアートマンを認めるが、ジャイナ教でも、このアートマンをジーヴァと呼んで、「霊魂」の存在を認めている。この霊魂は輪廻のなかで善悪の業（カンマ）を担う個我のことである。

一方、仏教はアートマンを否定して無我《むが》思想を標榜する。もっとも、インドのなかでも仏教の無我思想はユニークな思想で、ジャイナ教のみならず他学派から批判の対象とされている。この無我思想が、ジャイナ教と仏教の教義の一番大きな相違ということができる。

ジャイナ教では、創造者である神は存在しないと説くが、最古の聖典には「神の欺瞞を信ずるな」と強い言葉で明確に書かれている。一方、同じく無神論の仏教の経典には、このような直接的な強い表現で無神論を表明することがない。

●非暴力の考え方

ジャイナ教では、出家修行者が守るべき五大誓戒《せいかい》を説いている。これは①生き物を殺すなかれ。②真実の言葉を語れ。③盗むなかれ。④淫事をおこなうなかれ。⑤なにものも所有するなかれ、といった五つの大きな戒（五大誓戒／パンチャ・マハーヴラタ）の戒律規定である。

仏教では、五戒（パンチャ・シーラ）として、①不殺生《ふせっしょう》、②不妄語《ふもうご》、③不偸盗《ふちゅうとう》、④不邪淫《ふじゃいん》、⑤不飲酒《ふおんじゅ》としてよく知られたものと、内容はほぼ同一である。

このことは、よく知られた事実であるが、共にその第一番目が「不殺生」（アヒンサー）であることからも、ジャイナ教と仏教の生命尊重主義は重要な意義を持っていると考えられる。しかし、一見、共通と見られる両教の「不殺生」（アヒンサー）に対する考え方と態度には、実は違いが見られる。

仏教では、植物を生きものとは考えていない。そのため植物を殺すことの罪に明確な説明はない。一方、ジャイナ教は、植物を生きものと認め、その上、植物には人間と同じような「心」があると明確に認識している。ジャイナ教徒は、植物も傷《いた》めることを躊躇する。

仏教の『律蔵《りつぞう》』に、樹の皮を剥いで靴を作る仏教の比丘《びく》の話があるが、そこで村人は、ジャイナ教のお坊さんは決してそのようなことをしないといって、仏教の比丘を非難したという。それを受けて、お釈迦さまは、比丘が樹の皮を剥いで靴を作ることを禁止したと伝えられているが、なぜ樹の皮を剥いではいけないか、という理由は示されてはいない。世間の評判を気にして「樹木を傷める」のを禁止しただけである。

ジャイナ教は非暴力（アヒンサー）の教えを厳格に順守する宗教である。現実にジャイナ教の出家修行者は、空気中の小さな生物も吸い込んで殺してはいけないというので、口にはマスクをつけている者がいる。また、雨期には多くの生きものが誕生し、その時期に種子は発芽するという理由で辺りを歩き回るのをやめて、一ヶ所に定住したりするのである。これを雨安居《うあんご》という。日常の立ち居振る舞い、食事、歩行に際しては、彼らは周囲にいる生物を殺さぬように細心の注意を払っている。手に、周囲の生きものを払うための払子《ほっす》（ラジョーハラナ）を持っている。ジャイナ教徒は単に目に見える生きものだけでなく、目に見えない微細な生きものにまで配慮しているのである。

同じく「不殺生」を標榜する仏教は、このような厳しい不殺生を守らない。意識的に殺生を行ってはならない、とか、無駄に生命を害してはならない、とか言うのみである。多くの殺生の事実を黙認する態度である。

一方、ジャイナ教最古の聖典の主張するところは、「汝が殺害しようとしているものは、ほかならぬ汝自身なのである。したがって、このことわりに目覚め、それに従って生活している有徳の人は、自ら殺害することもなく、他者をして殺害せしめることもない」と明言している。不殺生を説く仏教で、このように不殺生を明確に言明することはない。

また、さらにジャイナ教の輪廻観では、霊魂は宇宙のなかを輪廻転生を繰り返して、宇宙をさまよっているということが表明されている。このことは次の古聖典『バガヴァティー・ヴィヤーハパンナッティ』に明確に説かれている。

「ゴーヤマよ、汝の霊魂は一切の霊魂に対し、かつては父母、兄妹、妻子、娘、敵対者、殺害者として、君主、王子、為政者、長官、百万長者、組合長、司令官および商人として、奴隷、使者、従僕、農奴、弟子および召し使いとして形体をそなえたことがあった。また一切の霊魂が汝の霊魂に対して、かつて同様の形体をそなえたことがあった。しかも、それは一度ならず、際限なく生じたことであった」

従って、ジャイナ教では、生きものを殺すことは、自分を殺すことと同じであり、自分に縁のあった者たちを殺すことになるのである。ここに、不殺生の明確な理由が示されている。

実際には、非暴力の教えを守って多くのジャイナ教徒は貿易や商業に従事しているが、屠殺業《とさつ》や兵器産業には関わらない。すべてのジャイナ教徒は在家であれ僧侶であれ、いずれも菜食主義である。インドの歴史上、ジャイナ教は動物保護、保護所の建設、捨てられ傷ついた動物に食物を提供することや、さらにインドのほとんどの地域で行われる動物犠牲の禁止を継続的に訴えることを働きかけてきた。

現代のインドでもジャイナ教の在家信者は定期的に食肉処理場を訪れ、動物を買い取り、その動物たちを逃がしたり保護したりしている。また、ジャイナ教徒によって経営される製薬会社は、製薬の試験のために集められた動物たちに機能回復訓練（リハビリ）を施し、解き放すということをしているほどである。

仏教にも放生会《ほうじょうえ》という儀式があるにはあるが、非暴力に関してのみならず、何事においても仏教は寛大に、現実的にという態度が見られ、一方、ジャイナ教は厳格に物事を処すという態度が見られるといえるのではないだろうか。

このことが、仏教がインドを離れ、外国で大成功を収めた理由の一つであろうし、一方、ジャイナ教はインドに留まり、古代の宗教の姿を今に伝えている理由であろう。つまるところ、両者の細かい違いよりも、この厳格主義と寛容主義の違いが、ジャイナ教と仏教の一番大きな違いということになるのであろう。

（渡辺研二）

日本仏教と南方仏教

●祈りの姿と、その内容の視点から

日本仏教といっても、奈良時代、平安時代、鎌倉時代の仏教はそれぞれ違いますし、明治の廃《はい》仏毀釈《ぶつきしゃく》と第二次世界大戦前後の激変を経た現代の日本仏教とでは大きく違います。こうした日本仏教の多様性に比べると、南方仏教は、スリランカ、ビルマ、タイ、カンボジアなどの地域による違いや時代による違いはあるものの、日本仏教に比べると比較的まとまりのある範疇《はんちゅう》に収まっています。この点について日常的な例から考えてみましょう。

私の親戚のおばあちゃんは百四歳で大往生した人でしたが、毎朝家の仏壇と近所のお地蔵さんの前で『般若心経』の読経とお線香を欠かさない人でした。こうした姿は、この数百年の日本仏教に共通して見受けられるものではないかと思います。

私はビルマ、タイ、スリランカで南方仏教を修行しましたが、いずこにおいてもおばあちゃんと同じように祈る人々の姿がありました。南方仏教において唱えられるのは『慈しみ経』『幸福経』『気付きの確立経』をはじめとして『アングリマーラ小呪《しょうじゅ》』などの護経《ごきょう》と呼ばれる真言であっいます。その前後には懺悔文《さんげもん》や回向《えこう》祈願などが唱えられ、構造としては日本仏教とよく似たりします。

相違点は、彼らはテーラワーダ（上座部《じょうざぶ》）と呼ぶひとつの仏教を信じているのであり、宗派ごとに念仏や真言や経典の題目《だいもく》というように唱えるものが異なるということはありません。こうした違いがどこから来るのかというと、南方仏教においては三宝《さんぽう》（仏・法・僧）帰依《きえ》と戒律と経典に関する明確な統一的理解があるからではないかと思われます。

●三宝帰依の視点から

日本仏教では、三宝帰依が唱えられることはあっても、仏十号《ぶつじゅうごう》が細かに唱えられ念じられることはほとんどありません。ところが、南方仏教では、三宝帰依の後には必ずブッダの十徳、ダンマの六徳、サンガの九徳が唱えられます。仏法僧の特性を唱えることによって、自分が何をよりどころとして生きてゆくのかを詳細に思い出して確認するわけです。これが南方仏教の念仏、念法、念僧です。

こうした三宝帰依の確かな基盤がありゴータマ・ブッダのイメージが明確なので、南方仏教には阿弥陀仏、大日如来、観音菩薩など大乗仏教の諸仏諸菩薩は存在しません。それらはゾロアスター教やヒンズー教の影響によって後代に創作されたものだと思われています。日本仏教では祖師信仰が三宝帰依に優先することが少なくありませんが、南方仏教ではあくまでも歴史上のゴータマ・ブッダが第一の礼拝対象になっています。

●戒律と出家の視点から

南方仏教では、「持戒の寿命が教えの寿命」というブッダの言葉をよりどころとして、出家修行者はブッダの定めた二二七のパーティモッカ（戒律要綱）を根幹とする戒律を墨守しています。独身を守り、昼を過ぎたら食事を取らず、金銭を所持せずに簡素な生活を心がけます。同じ寺や地域に住む出家修行者たちは、満月と新月の日に集まって、代表によって暗唱されるパーティモッカを聞きながら生活習慣を反省します。布薩《ふさつ》と呼ばれるこの儀式によって戒律にもとづいた共同生活が保たれているのです。布薩の日には在家信者も寺院に集い、八斎戒《はっさいかい》を受けて法話を聞き瞑想を修行することが少なくありません。

日本仏教には、南方仏教に伝わるような意味での戒律はいまだに伝わっていないのかもしれません。歴史上、それを求めたり伝えようとした人々はいましたが、日本仏教に共通する基盤として定着す

タイ・バンコクの托鉢

ることはありませんでした。その代わりに日本仏教では菩薩戒や十善戒《じゅうぜんかい》が尊ばれました。

私が禅宗で修行していたときは、安居《あんご》の期間中には布薩を行い、十重四十八軽戒《きょうかい》を唱えました。こうしたことはほんの一握りの僧侶たちの間でなされているに過ぎません。鎌倉時代に起こった革新的な世俗化や、明治維新における肉食妻帯《にくじき》の許可などによって日本仏教の戒律離れは当然視されるようになってきました。

●菩薩の誓願《せいがん》の視点から

日本仏教からは、南方仏教には菩薩思想はないと思われています。しかし、南方仏教には菩薩の誓願を立てた出家修行者が少なからずいます。私は、ビルマでもスリランカでも、そうした長老に複数お目にかかりました。あるとき、民間では聖者だと崇められている高僧の直弟子さんとお話する機会がありました。「あの先生は本当に阿羅漢《あらかん》だったのですか？」と尋ねると、「いや、先生は菩薩の誓願をお立てになっておられました」という返事がありました。

南方仏教で菩薩の誓願を立てるということは、最初の悟りの段階に入ってはいないという宣言でもあります。悟りに入ってしまうと輪廻転生《りんねてんしょう》の回数が制限されてしまうので、菩薩としての波羅蜜《はらみつ》が充分に積めなくなるからです。

南方仏教では、こうした悟りの内容に関する話は、出家修行者同士に限られます。在家信者に思わせぶりな発言をして布施を集めようとする法における詐欺行為を防ぐための戒律があるからです。

南方仏教の菩薩思想は、スメーダ青年がディーパンカラ・ブッダの下で誓願を立て授記《じゅき》を受けたジャータカ物語にもとづいています。彼は阿羅漢としての悟りを開く力を持っていながら、「ひとりでも多くの人を救えるブッダとなって悟りを開きたい」と誓願しました。日本仏教では、「すべての衆生を救うまで自分は悟りを開かない」という精神で菩薩行に励む人々が僧俗を問わず多くいます。

●悟りへの道のりの視点から

日本仏教では、悟りへの入り口となる修行法が宗派によって坐禅、念仏、真言、題目などに特化され、一点突破型になっています。こうした傾向は鎌倉仏教における宗教変革によって顕著になりました。これに対して南方仏教では、どんなタイプの修行法を選ぶかはその人の好みや適性によるものとして、多様な入り口が尊重されます。ブッダはさまざまな人々を多様な手法で導いたことが認識されているからです。『清浄道論《しょうじょうどうろん》』という解釈書には、そうした瞑想対象が四〇種類に分類されています。修行の入り口は多様ですが、悟りに向かってゆく過程については詳細な分析がなされています。こうした理解があるからこそ、どんな瞑想対象を選んだ修行者をも涅

ビルマの在家信者

槃の境地に導く確信が持てるのです。
南方仏教における悟りへの道のりの分析には、注目すべきふたつの道標があります。第一は、三昧《さんまい》から生まれる神秘体験や神通力《じんづうりき》に対する執着が悟りへの障害になることに警鐘が鳴らされていること。第二は、悟りの直前には、それまでの自我理想や古い自分への執着を手放すための不安や抑うつ状態が体験されやすいことが理解されていることです。瞑想指導者がこうした修行の難所をあらかじめ熟知しているならば、それぞれに違った道のりを歩んでゆく修行者をよりよく理解して適切な指導をすることが可能になります。

●檀家制度の視点から

南方仏教には檀家制度はありません。日本の檀家制度は江戸時代の戸籍政策から生まれたもので、現代では各家の信仰が一つの寺院と緊密に結び付けられてしまっています。南方仏教では、信仰はあくまでも個人のものです。親が信仰する僧侶と子供の信仰する僧侶は違っているのが極《ごく》あたりまえで、信仰が一定の寺院に束縛されることはありません。

南方仏教でも高徳な僧侶がいれば、その人のために寺院が寄贈され多くの弟子が集まります。

しかし、それが宗派の違いに発展するということはあまりありません。信仰の基盤があくまでも三宝帰依だからです。個人が仏教に帰依して功徳《くどく》を積み悟りに向けて修行するための媒体として僧侶を個人的に支援しながら教えを受けるということが明確に自覚されているのです。出家制度が政治的社会的な距離を重んじる所以《ゆえん》がそこにあります。

（井上ウィマラ）

日本仏教とチベット仏教

●チベット仏教とその広がり

日本に仏教が公式に伝えられたのは欽明《きんめい》天皇の代（五三八、または五五二年）に百済《くだら》の聖明王《せいめいおう》から仏像や経典が送られてきたときとされ、チベットにインドの仏教が伝えられたのは七世紀前半とされます。

そこで、日本に仏教が伝来してから約百年後に、チベットに仏教が伝えられたことになるのですが、日本仏教は高度に発達した中国仏教の流れを汲むものであるのに対し、初期のチベット仏教はインドの大乗仏教、パーラ王朝で発達した密教思想などのインド的諸要素を合わせ持つものであり、これら二つの仏教の流れのあいだには根本的な違いがあると見られてきました。

しかし、今、チベット系の仏教徒の唯一のよりどころとなっているダライ・ラマ十四世は、その著書のなかで、チベットの仏教はツォンカパによって改革された正統仏教であり、「ブッダの教えとは別の、ラマの教えなどというものは存在しない」と言い切っています（『ダライ・ラマ 智慧の眼をひらく』拙訳、春秋社）。ダライ・ラマによれば、「チベット仏教」という言葉も正しい言い方ではなく、チベットで信仰され、行われているのはただ「ブッダの教え」だけであるというのです。

チベット仏教には独特の信仰内容、信仰形態があることも事実であり、ダライ・ラマ十四世の言葉を心にとどめながら、その主たる特色を見てゆきたいと思います。

チベット仏教はチベット本土（現、中国チベット自治区）で信仰されて来たほかに、十六世紀後半頃から内外のモンゴル人の信仰として広まって行きました。特に内モンゴルでは清《しん》朝のモンゴル人懐柔政策もあって、数え切れないほど多くの寺院が建てられました。

現在、モンゴル民族は中国・内モンゴル自治区、モンゴル国、ロシア連邦ブリアート共和国、カスピ海北西部のカルムイク共和国に分断されていますが、いずれの国においてもチベット仏教が信仰され、民族の精神的なよりどころとされていることに変わりありません。

モンゴル人の居住する諸地域で信仰されている仏教は、さまざまな地域的、あるいは民族的要素が加えられていますので、モンゴル仏教という方がよいのですが、ここではチベット仏教として扱うことにします。

ダライ・ラマ十四世

●経典と宗派・寺院

日本仏教の経典受容の特色は、それまで中国で漢訳されていた多くの大乗経典のなかから特定の経典を選び取って、それぞれの宗派の「所依《しょえ》の経典」としたことです。例えば『華厳経《けごんきょう》』を所依《しょえ》の経典として華厳宗が成立し、『大日経《だいにちきょう》』に依って真言宗が、『法華経《ほけきょう》』に依って日蓮宗が、「浄土三部経」に依って浄土宗や浄土真宗が成立し、不立文《ふりゅうもん》字《じ》を建前とする禅宗でも『金剛般若経《こんごうはんにゃきょう》』や『観音経』が日常的に読誦《どくじゅ》されています。

また、日本では漢文に返り点やレ点などを付して読み下すことができたので、中国でつくられた経典や論書を集めた叢書《そうしょ》「一切経《いっさいきょう》」、あるいは「大蔵経《だいぞうきょう》」をそのままに伝持《でんじ》し、日本語訳の経典の叢書はつくられませんでした（一九四一年、南方仏教諸国に伝えられているパーリ語の経典を和訳したシリーズとして『南伝大蔵経』が刊行されました）。

これに対して、七世紀前半にインドから伝えられたチベット仏教では、当時インドに伝えられていたサンスクリット原典を忠実にチベット語訳する作業がすすめられ、経と律を内容とする「カンギュル」、論書を集めた「テンギュル」より成る「チベット語訳大蔵経」を成立させました。モンゴルの人々も仏教を受け入れると、「チベット語訳大蔵経」にもとづいて「モンゴル語訳大蔵経」を完成させています。

初期のチベット仏教はインド末期の仏教の影響を受けて般若《はんにゃ》・中観《ちゅうがん》・唯識《ゆいしき》などの高度の仏教教義とともに、密教、特にタントラ仏教をも受け入れていました。ニンマ派、カギュー派、サキャ派などの宗派などが成立しましたが、十四世紀末頃から十五世紀初頭の頃、ツォンカパによって、インド仏教が目指した大乗仏教とタントラ仏教を統合した修道の体系が組織され、チベット仏教正統派とされるゲルク派が成立しました。現在、ゲルク派はチベット仏教の主流であり、特に内モンゴルの寺院はほとんどすべて、改革派に属しています。

チベット・モンゴルの寺院の多くは、かつてはインド伝来の「顕教《けんぎょう》学部」「密教学部」「天文学部」「医学・薬学部」の四学部をそなえた学問寺であり、数千人の学問僧が修行する大規模な僧院も各地にありました。現在、ようやく再建された寺院には必ずチベット語訳大蔵経がそなえられ、かつての学問寺の名残りをとどめています。ただし、カンギュル（経蔵）の一部（まれには全部）であることが多く、ほとんどが中国青海省のタール寺で新たに摺《す》られたものです。

●尊像の違い

日本とチベット寺院の違いは、建築様式や伽藍配置などのほかに、堂内にまつる尊像の種類と性格です。チベット・モンゴルの寺院には釈迦如来を中心に（この点は日本の寺院と共通）迦葉《かしょう》仏《ぶつ》・弥勒仏《みろくぶつ》の三世仏《さんぜぶつ》が中央にまつられていることが多く、大小さまざまなツォンカパ像、文殊師《もんじゅし》利《り》像、十六羅漢像などの顕教系の仏像がまつられるほかに、ほとんど無数といってよいほどの密教系の尊像、ターラーなどの女神や守護神が安置されています。

ヤブ・ユム像

守護神のなかでもヤマーンタカ（大威徳明王《だいいとくみょうおう》）の像が最も多く、醜い牛面で怒りに燃えた三つの眼、大きく裂けた口など、見るも恐ろしい形相の尊像です。また、特に人目を引くのは「ヤブ・ユム」と呼ばれる男女両尊の合体像で、両尊が一体となることによって、衆生《しゅじょう》救済の力（シャクティ）が生れるとして信仰されています。

しかし、社会主義政策や文化大革命によって一度破壊された後に再建された寺院においては、さすがに「ヤブ・ユム」像を見かけることは少なくなった気がします。尊像のなかにはターラー像のように穏やかな表情を持つものと、秘密仏としての護法神や明王像のように、恐ろしい怒りの表情をしているものがあります。

長尾雅人博士はチベット・モンゴル寺院内のすべての尊像を「柔和形《にゅうわぎょう》」と「忿怒形《ふんぬぎょう》」とに分類しておられますが『蒙古学問寺』中公文庫）、この分け方はこの系統の尊像を見る場合にとても便利です。

●ダライ・ラマと活仏信仰

日本仏教においても、人間が自ら積んだ業《ごう》によって生れ変りをくり返すという輪廻転生《りんねてんしょう》の思想は、各宗派とも認めてはいますが、それを宗学《しゅうがく》の中心に据えているわけではないと思います。

これに対して、六道輪廻ということはチベット・モンゴルの仏教信仰の中核となっています。

この信仰を背景に、チベット仏教ではすぐれた僧をブッダや菩薩の化身《けしん》とみなして転生活仏《かつぶつ》とよび、さまざまな活仏の系統が出現しました。そのなかで最も重要なのが、観世音菩薩の化身とされるダライ・ラマの系譜です。

十六世紀にモンゴルのアルタン・ハーンによって改革派の高僧ソナム・ギャムツォに「ダライ・ラマ」の称号が贈られ、現在のダライ・ラマ十四世に至るダライ・ラマの系譜がはじめられました。現在、ダライ・ラマ十四世の存在は実に大きく、チベットやモンゴル人の住む地域で文化と信仰のよりどころとなっています。

転生活仏の信仰は特に内外のモンゴルで盛んで、清朝末期には活仏が二百四十三人も出現したといわれます。現在も各寺院に活仏の系譜があり、文化大革命によって寺を追われ、還俗《げんぞく》して医者になったり、公務員になったり、中国共産党の地区委員になったりしても、転生活仏と認定された者はいまでも「活仏」として人々の尊敬を受けています。ここに、チベット仏教の信仰上の最大の特色を見ることができると思います。


（菅沼　晃）

日本仏教と中国仏教

——台湾の現代仏教と比較して

●葬儀・供養は日本と同じ

日本の仏教と中国の仏教における相違とは何であろうか。また相違だけではなく、同じ点はあるのだろうか。実は両者を比較してみて、同じところもあれば異なったところも在るというのが正直な感想である。

まず同じ点は、両者ともに民衆の宗教的な欲求を受け入れていて、葬儀を行うこともあれば追善供養を行うこともあるということ。一時期、葬儀は日本の仏教だけとの理解がなされたことがあったが、実際にはどちらも民衆の宗教的な欲求に正面から答えていて、葬儀も供養も行っている。時には占いや祈願もある。これはほとんど変わらない。

では、異なる点はどこであろうか。その最たるものは修行面であるように筆者は感じている。そこで修行という視点から述べていきたい。

そもそも台湾の仏教は大陸から移入されたものであり、修行道の形態に特徴的なものが見いだされる。

その一つが「仏七」、もう一つが「禅七」である。ちなみに「仏七」、「禅七」の「七」は日数の七であり、「仏七」は「念仏打七日」の略で念仏を七日間行うこと、「禅七」は禅を七日間行うことである。一日だけの「仏一」、「禅一」、三日間の「仏三」、「禅三」なども存在するが、一番正式な形が「仏七」や「禅七」と位置付けられているので、この名称で代表させたいと思う。

●「仏七」について

まず「仏七」は、称名念仏《しょうみょうねんぶつ》と坐禅瞑想とを組み合わせた修行方法である。中国の宋代の頃から主張される「禅浄双修《ぜんじょうそうしゅう》」「禅浄一致」の具体的な形態と考えて良いであろう。その発祥の地は、大陸は蘇州の霊巌山寺《れいがんさんじ》である。現在、流布している形態の創始者は清朝末期の浄土宗の代表的人物、聖量印光《しょうりょういんこう》（一八六二～一九四〇）である。清朝末期を代表する四人の僧侶（太虚《たいきょ》、印光《いんこう》、弘一《こういつ》、諦閑《たいかん》）の一人に数えられ、また浄土宗第十三祖とされる方だ。

念仏は「南無阿弥陀仏」の六字名号と「阿弥陀仏」の四字名号をゆっくり唱える。その後、観《かん》想《そう》のために坐禅をするのが基本的なパターンである。在俗の者も出家の者も共に参加する。

さて、この「仏七」は多くの賛同者を得、大陸に隣接する台湾にも、またベトナムなどにも紹介された。台湾では、さらに工夫が凝らされ、新しい形態が出来上がった。それが台北郊外の三渓鎮にある西蓮浄苑の「仏七」である。

こちらの「仏七」は、「南無阿弥陀仏」→「阿弥陀仏」→「阿弥陀」→「阿弥」とゆっくりとした唱和から次第にその唱和のテンポを早くし、ピークを迎えてから逆にゆっくりと唱える方向へと変化し、途中から完全に黙して観想の坐禅に入る。

観想の対象は仏の白毫《びゃくごう》、極楽の様相と『観無量寿経』の十六想観が中心であるが、人によっては入息出息《にっそく》の観察を行うこともある。この称名念仏と観想とを組み合わせたものを一単位とし、これを日に何度も繰り返す修行方法である。

この「仏七」の最中は、食事や休憩時間も、余計な発語は控えるよう注意が促され、集中が途切れないようにとの配慮がなされている。

仏光山大殿内部

こちらも在家者と出家者が共同して参加する修行となっている。なお台湾高雄の仏光山や埔里《ほり》の霊厳山寺に行われる「仏七」では、称名と観想とを組み合わせた一つの単位はわずか一時間弱であったので、この点から考えれば「仏七」は、どちらかといえば在家者を意識した修行形態ということができる。

●「禅七」について

次に注目されるものが「禅七」である。これは終日、坐禅瞑想を行う修行である。これも在家者とともに行うが、時には出家者のみを対象として行う場合もある。七日間坐禅を中心に行うので、日本の禅宗で行なわれる摂心《せっしん》を思い浮かべていただければ分かりやすい。ちなみに、「禅七」などの瞑想修行を介して台湾社会のなかにその地歩を築いて巨大化した寺院は、埔里鎮の中台禅寺と金山郷の法鼓山の両寺であり、そのどちらも瞑想に秀でるとの評価を台湾社会のなかで勝ち得ている。

中台禅寺の「禅七」は基本は入息出息観であり、時には話頭《わとう》も使用される。この話頭は、入息出息観で心の働きが落ち着いてきたところで把握されるようになる、心の働きの最初の揺らぎを覚知することとされている。「動念」の最初を覚知することと表現しても良い。本来、話頭は宋代の圜悟克勤《えんごこくごん》、大慧宗杲《だいえそうこう》の頃に止《し》の工夫の一つとして登場した、心に抱き続ける絶対矛盾の問題であったはずだが、この理解はそこから大きく変化したものである。

このような話頭の理解は十九世紀から二十世紀にかけて最大の禅者といわれた虚雲《きょうん》禅師（一八四〇～一九六〇、何と百二十歳の齢を保ったといわれる）にも見られ、清朝末期の仏教界から確認される。

これらの「禅七」と全く同一の内容から構成され日数を短くした「禅一」（一日だけの実習）、「禅二）（二日間の実習）、「禅三」（三日間の実習）も頻繁に行われている。日程を短くした禅の実習は、都市部に働くサラリーマンを対象としたもので、参加しやすいように日程上の工夫が凝らされたものである。

また、東南アジア、特にミャンマーから紹介された上座仏教のサマタ（止）とヴィパッサナー（観《かん》）による瞑想修行も実践されている。例えば、嘉義市郊外の法雨道場は、現代ミャンマーの高僧とされるパー・オー比丘《びく》の指導する瞑想を実習する場であり、また同じく嘉義郊外の香光尼僧団でもミャンマーのマハーシ長老のヴィパッサナー瞑想が紹介され、新竹郊外の法源寺においても、ミャンマーの瞑想が実習されている。積極的に東南アジア地域の仏教の修行法が取り入れられ、関心を持った僧侶や在家の方々によって実習されている。

●日本仏教との違い

このように見てみれば、日本の仏教との最大の相違は、心の観察を主とした修行実践がよく行われているかどうかの一語に尽きる。在家者をはじめとして仏教者が、入息出息観など、心を静め、心の働きを観察する修行を頻繁に行い、出家者もその指導をよくしているのが大陸の仏教である。

それに対し、日本の仏教においては、坐禅をはじめとする瞑想は禅宗の専売特許のように考え、また仏教の営みは経論を学習することのように考えられがちなところがある。

おそらくその相違は歴史的に形成されたもので、平安時代初期、桓武天皇が仏教教理の研鑽を積むことを仏教界に課したところに淵源すると考えられる。法会《ほうえ》の場で経典の講説を行い、教理に関する論義を行うことが、僧侶にとって重要な責務と位置付けられた歴史的な背景が日本には存在する。ここに仏教の営みが学解《がくげ》を中心とするものであるとの方向性が築かれた。もっとも古来、行と学、行と教と対比的に学ぶ伝統はあるので、全くなくなってしまった訳ではないが、心を見つめる行の世界が疎《おろそ》かにされたことは否めない。

中国仏教には戒《かい》、定《じょう》、慧《え》の三学《さんがく》から考える伝統が残り、日本仏教ではそれが希薄化してしまった。行よりも教が重視される傾向が生まれ、そのゆえであろうか、教に対する信を問うことが大切と考えられた。今に生きる日本仏教の多くの諸宗派が、自己の教に対する信を強調するのは、その現れである。また、心の観察に繋がる実践を行っていても、その意味を見失いがちなのが、日本の仏教なのではないだろうか。

（蓑輪顕量）

日本仏教と韓国仏教

●はじめに

日本と朝鮮半島（韓国では韓半島という）は、ともに中国の周辺に位置する国として、中国の文化を受容し発展させてきた。仏教もその一つであり、朝鮮半島には四世紀後半に中国から伝来し、日本には六世紀半ば頃、古代朝鮮の百済《くだら》から伝来した。それは、ともに中国を経由した大乗仏教であるが、歴史のなかでさまざまな違いが生まれ現在に至っている。本稿では、現代を中心として、日本の仏教と韓国の仏教との違いを紹介したい。

●宗教状況の違い

まず現代の宗教状況の違いを略述する。日本の場合、一般の日本人は仏教と神道を兼ねる場合がほとんどで、それ以外の宗教、例えばキリスト教信者は全人口の1パーセント前後に過ぎない。これに対して韓国の場合、国民の約四分の一はキリスト教信者、同じく約四分の一が仏教信者である。

このように韓国では、キリスト教信者が非常に多いことが日本との違いである。ちなみに近年では、韓国内で韓国SGIなど日本の宗教が勢力を伸ばしているという。

●現在の仏教のあり方の違い

続いて仏教のあり方の違いを述べる。第一に伝統宗派の数である。日本には十三宗を数えるほど数多くの伝統宗派が存在する。すなわち南都《なんと》仏教の諸宗をはじめ、平安時代の天台宗、真言宗、鎌倉時代の浄土宗、浄土真宗、臨済宗《りんざいしゅう》、曹洞宗《そうとうしゅう》、日蓮宗、時宗《じしゅう》、融通念仏宗《ゆうづうねんぶつしゅう》など多くの仏教宗派が現在でも存在し、いわば宗派の博物館のような様相を呈している。

これに対して韓国の場合、伝統仏教は曹渓宗《チョゲジョン》という禅宗の宗派一つだけである（近年に分派した太古宗《テゴジョン》という宗派もあるが、もとは同じである）。このように韓国の仏教は日本に比べると伝統宗派の数が少ないのが特徴である。その歴史背景については後述する。

第二に、仏教と一般人との関わり方である。日本の場合、仏教が「葬式仏教」と呼ばれるように、葬式・墓地を媒介として一般人（檀家）と関わっている。

これに対して韓国の場合、葬式・法要は基本的に儒教の方式で行うため、基本的に仏教が葬式に関わることはない。

第三に、僧侶のなか、女性の僧侶すなわち比丘尼《びくに》の数が日本よりも多いことである。日本では女性僧侶を街で見かけることはほとんどないのに対して、韓国の場合はソウルの町を歩いたり地下鉄などに乗っていると比丘尼をよく見かける。

第四に、寺院の仏像が金ピカであるということである。日本では歴史的な仏像は、ほとんどが時間の流れで風化した姿のままであり、却《かえ》ってそこに美意識を感じるのであるが、韓国の場合、歴史的な仏像でも金を塗り直して金ピカの状態にしている。

●曹渓宗の歴史と修行

前述したように韓国の伝統仏教は曹渓宗である。宗名にある曹渓とは禅宗の六祖慧能《えのう》が住した山のことである。曹渓宗では自宗の禅修行を看話禅《かんなぜん》という。それは坐禅をしながら話頭《ファドゥ》を参究することである。話頭とは、禅語録の『無門関《むもんかん》』にある「趙州無字《じょうしゅうむじ》」などのことで、日本の禅宗（臨済宗）でいう公案《こうあん》のことである。

ここからわかるように曹渓宗は日本の臨済宗とよく似ている。似ているどころか曹渓宗は中国の臨済宗を継承しており、日本の臨済宗と同じ法脈に属する宗派である。

【仏教の伝来】

ここで朝鮮半島の仏教の歴史を略述しながら曹渓宗の歴史に触れる。三国時代の西暦三七二年、高句麗に仏教が伝来したのがはじまりであり、以後、百済、新羅にも伝えられた。三国が新羅により統一されると、七・八世紀には法相宗の円測《ウォンチュク》、諸宗に通じ和諍《わじょう》（諸宗の融和）を説いた元暁《ウォニョ》、華厳宗の義湘《ウィサン》など、中国仏教にも多大な影響を与えた高僧が輩出した。このなかでも華厳宗は特別な位置を占め、『華厳経』および華厳教学は現在にいたるまで韓国の仏教のなかで重要視されている。

【禅宗の伝来】

さて、中国唐代の仏教が、教学から禅宗へと転換していくのと歩調を合わせ、朝鮮半島の仏教も八世紀から入唐僧《にっとうそう》により禅宗が伝えられるようになった。そのなかで南宗禅を最初に朝鮮半島にもたらしたのが道義《トウィ》である。彼は唐に渡り馬祖道一《ばそどういつ》門下の西堂智蔵《さいどうちぞう》に師事して帰国した。以後、続々と禅の教えがもたらされ、高麗初には九山禅門と呼ばれる山を拠点とした禅のグループが形成された。ちなみに現在、曹渓宗では道義を宗祖と定めている。

韓国の僧侶

【臨済宗の到来】

十世紀半ばに成立した高麗王朝は仏教を国教とし、仏教が大いに栄え、十一世紀には義天《ウィチョン》が宋に渡り天台宗をもたらした。禅宗では十三世紀に出た普照知訥《ポジョチヌル》が、宋代臨済宗の大慧宗杲《だいえそうこう》の看話禅を導入し、さらに高麗末に太古普愚《デゴポウ》らは元に渡り臨済宗の石屋清洪《せきおくしんこう》の印《いん》可《か》を受け、中国臨済宗の法脈が朝鮮半島に伝承された。曹溪宗は実質的にこの二人によって土台が形成された。

【儒教国教化の影響】

十四世紀末に成立した朝鮮王朝は儒教（朱子学）を国教と定め、思想的な正統性を重視する立場から仏教を抑圧した。そして宗派も禅教二宗に統合され、のちには禅宗だけが伝えられることとなった。これが伝統仏教として曹溪宗だけが残っている理由である。そうしたなか、十六世紀末の豊臣秀吉の侵略に対し、全国の義僧を指揮して戦った西山大師休静《ソサンデサヒュジョン》は現在につながる曹溪宗の教学を作った。

【妻帯僧の登場】

一九一〇年（明治四十三年）、日本が韓国を併合すると、韓国の仏教界は日本の統治を受けることとなった。そして日本仏教の影響により、僧侶でありながら妻帯する比丘《びく》が出現しはじめた。

一九四五年（昭和二十年）、日本の支配を脱却したが朝鮮半島は韓国と北朝鮮（朝鮮民主主義人民共和国）に分断された。韓国の李承晩《イスンマン》大統領は一九五四年、「妻帯僧は寺刹《じさつ》より退去せよ」という談話を発表し、妻帯僧と非妻帯僧との間で教団は分裂した。のちに妻帯僧は曹溪宗を離れ、新たに太古宗という宗派を作り現在に至っている。ちなみに曹溪宗と太古宗との間の目に見える違いは衣の色で、前者が茶色、後者は赤色である。

【日本の臨済宗との違い】

このように曹渓宗は中国の臨済宗を淵源《えんげん》にもち、日本の臨済宗と基本的には同じ宗派であるといえる。ただ、両国の歴史に応じた違いがいくつか見られる。公案の参究方法では、日本の場合は、江戸時代の白隠《はくいん》が整備した公案修行の体系に依るが、曹渓宗には特別に開発された公案体系のようなものはない。一方、曹渓宗では、その伝統から『華厳経』を重要視しており、僧侶教育でも最終課程で学ぶほどの重要な典籍とされるが、日本の臨済宗ではそうしたことはない。

曹渓宗では出家してからの年次による位階が定められており、出家後四十年経過した僧侶を大宗師という。そして宗派の最高指導者は大宗師のなかから選ばれるが、それを宗正という。現在の宗正は法伝《ポブチョン》大宗師（第十一代）である。

曹渓宗では夏と冬の三ヶ月間、参禅に専念する安居《あんご》という修行を行う。今年の夏《げ》安居は五月十九日からはじまった。安居の開始（結制《けっせい》）に伴い、法伝大宗師は「喉と口を使わずに話せるか」という唐代の百丈懐海《ひゃくじょうえかい》の語を用いた結制《けっせい》法語を発表し修行僧を激励している。

●新興仏教について

次に近代になってから誕生し、現在、社会的な影響力を持つ新興仏教の宗派をいくつか紹介する。

円仏教《ウォンプルギョ》は、一九二四年に朴重彬《パクチュンビン》が仏法研究会を開いたのがはじまりである。宗旨は、一円相（禅僧が描く円）の法身《ほっしん》を信仰対象とし、修行は修養（精神修養）、研究（研究会、智慧鍛錬）、取捨（正義実践）による。

天台宗《チョンテジョン》は一九四六年に朴準東《パクチュンドン》が開宗した宗派で、『法華経』を所依の経典とし、一般の信者は観音菩薩の名を称えること（これを念仏禅という）を修行の中心とする。

真覚宗《チンガクチョン》は一九四六年に孫珪群《ソンギュグン》が開宗した密教の宗派である。智拳印《ちけんいん》を結びながら「オムマニパドメフーン」の六字大明王呪《ろくじだいみょうおうじゅ》を唱えるのが修行の中心である。生活仏教を標榜し、僧侶は男女とも剃髪《ていはつ》せず、また結婚を奨励されている。これは韓国仏教の伝統のなかでは異色である。

これらのなか、天台宗と真覚宗は近年、信者数を増やしているのであるが、その背景を私なりに想像すると、どちらも何かを唱えるという修行方法の易しさがポイントであると思う。伝統宗派である曹渓宗の看話禅は、一般の人が実践するには難解であり困難である。そこで、こうした易しい修行が一般の心を捉えているものと考えられる。なお、近年ではこれらに加え、南方上座部のヴィパッサナーの修行も一般に受け入れられているという。

●おわりに

以上、日本仏教と韓国仏教との違いについて簡単に紹介してきた。いうまでもなく日本と韓国は隣国であり、文化的に似た面も多いが、違った面も多い。仏教の歴史もそうであり、相互理解のためには、まずお互いの違いを知ることが大切である。

曹渓宗では広く海外の人たちに韓国の仏教を知ってもらうため、韓国の寺院に滞在し韓国仏教を体験するテンプルステイを実施している。韓国の寺院の多くは深山幽谷のなかにある。そこで韓国仏教を直接体験することは、韓国仏教に対する理解を深めるとともに、日常では意識することのない日本仏教、日本文化を顧《かえり》みる有意義な機会となるであろう。関心のある方は参加されることをおすすめする。

（佐藤　厚）

コラム

瞑想と坐禅の違い

瞑想と坐禅との違いを簡略にまとめるとすれば、「坐禅は坐って行う瞑想であり、瞑想の重要な根幹部をなす」といえるでしょう。坐禅修行の全体を見渡すと、坐禅で養った心持ちを日常生活の隅々にまで応用してゆく実践が最終目標となりますから、そこまでゆくと坐禅と瞑想を区別することは極めて難しくなります。

瞑想という言葉はメディテーションの訳語として使われています。メディテーションの語源には癒す、ケアする、熟慮する、研究する、訓練するといった意味が含まれます。宗教は、それぞれに独自の瞑想法を持っています。瞑想を科学的・学術的にとらえようとするならば、「より高度な意識状態、健康や幸福を実現するための身心の意識的な訓練体系」と定義するのがよいのではないかと思われます。

経典に伝わるブッダの教えを参考に瞑想とは何かを考えるとき、広義には、布施《ふせ》（ダーナ）・持戒《じかい》（シーラ）・修行（バーヴァナー）という三つの実践を、厳密には、そのなかの修行を瞑想としてとらえることが妥当だと思います。バーヴァナーとは、育むこと、養うことを意味し、「修養」「修習《しゅじゅう》」「修行」とも訳せます。戒《かい》（シーラ）・定《じょう》（サマーディ）・慧《え》（パンニャー）の三学《さんがく》という区分法では、瞑想修行を三《さん》昧《まい》と智慧の二つに区分します。三昧《さんまい》とは心をひとつの対象に集中させる働きです。集中力の深さによって四段階または五段階の禅定《ぜんじょう》（ジャーナ）に分析されます。ジャーナには、熟考するとか焼き切るという意味があります。坐禅とは、坐った姿勢でこの禅定を修行する瞑想の基本なのです。

三昧を得るためには神仏の図像、マントラのようなリズミカルな言葉や音、聖典の教え、太陽や月をはじめとする円盤のイメージ、呼吸の身体感覚など、実に多様な対象と手法が用いられます。三昧のなかでは歓喜やリラックスなどが得られますが、三昧だけではその神秘的な体験内容や三昧自体がもたらす難点などを自覚することができません。三昧のプロセス全体を見つめ、微細なレベルでの執着に気付き、苦しみの原因となる渇愛《かつあい》を手放してゆくのが智慧の働きです。ブッダはこうした智慧の働きを要約して、無常・苦・無我をありのままに洞察することだと説明しています。このように如実知見《にょじつちけん》する智慧を観《かん》（ヴィパッサナー）と呼びます。

禅定するブッダ（サーンチー）

　一般的に布施や持戒は瞑想をするための準備だと見なされていますが、瞑想を伴わない布施や持戒は形式主義に陥ります。人を幸福にする布施や持戒には瞑想が必要ですし、本当の瞑想は自然に布施や持戒といった実践に根を降ろします。なぜならば、布施の根幹は与えること、手放すこと、分かち合うことによる幸福への価値感の転換だからです。食べ物やお金を与えること、笑顔や優しい言葉をかけること、安心や安全を提供すること、技術や知識を伝えることによってお互いに幸せになれるように心を込めて智慧を絞るのです。持戒とは、いのちを大切にして、互いを尊重し、自他を損なうことのないように生活習慣を整える実践です。持戒によって後悔の少ない生活が送れるようになると瞑想がしやすくなりますし、瞑想すれば自然に調和の取れた生活習慣に落ち着いてゆきます。上座部仏教では三昧と智慧を明確に区別しますが、大乗仏教になると両者の働きが禅定に統合され、三昧に智慧を含めて解釈するようになります。

坐禅では、調身《ちょうしん》・調息《ちょうそく》・調心《ちょうしん》の順で修行が進められます。まずは身体の姿勢を整えて坐ります。呼吸を数えながら意識を集中させたり、腹式呼吸を心がけることによって息を整えます。心が呼吸を離れてさ迷ったら、その心を見つめ、理解し、自分とは何かを洞察してゆきます。こうして悟りが開けたら、こんどはその悟りを日常生活に生かすべく努力します。そうすることによって瞑想が布施や持戒という日常的実践に根を降ろします。

ブッダは、総合的な瞑想のはじめ方として、坐って呼吸に注意を向けてありのままのいのちの実感を見つめる坐禅を奨励したのです。**（井上ウィマラ）**

奈良仏教　平安仏教と鎌倉仏教

●外国仏教の受容――奈良仏教

飛鳥時代、百済《くだら》から導入された仏教は、多くの問題がありながらも日本人に受容された。聖徳太子（五七四～六二二）は、百済や高句麗《こうくり》僧を顧問とし、中国梁《りょう》の光宅寺法雲《こうたくじほううん》（四六七～五二九）の『法華義記《ほっけぎき》』をよりどころとしながら批判を加えて『法華義疏《ほっけぎしょ》』を著し、『維摩経《ゆいまきょう》』『勝鬘経《しょうまんぎょう》』の『義疏』と共に一乗《いちじょう》思想（すべての人が救われる平等思想）を受け入れた。

しかしこれは時代に先駆けたもので、奈良時代の仏教は普通学問仏教と呼ばれるように、僧は都市の大寺に住んでインド・中国と発展してきた仏教教学を研究し理解することに主力をそそいだ。中国の南北朝時代は、研究時代、或いは学派時代と呼ばれるが、その多くの宗派が伝えられ、隋・唐の建設時代といわれる時代の宗派も加わって、多くの宗派が導入された。

【南都六宗】

そのなかでも、普通南都六宗《なんとろくしゅう》とも古京《こきょう》の六宗と呼ばれる宗派が代表的なものとされる。三論《さんろん》宗《しゅう》は高句麗王によって派遣された慧灌《えかん》がはじめて伝え、慧灌は推古《すいこ》三十三年（六二五）には僧正《そうじょう》

鑑真が開いた唐招提寺

に任ぜられた。

成実宗《じょうじつしゅう》は百済の道蔵《どうぞう》が白鳳《はくほう》年間(六七三〜)に来日し『成実論疏《じょうじつろんしょ》』を著してはじめて伝え、法相宗《ほっそうしゅう》と倶舎宗《くしゃしゅう》は日本から留学した道昭《どうしょう》(六二九〜七〇〇)が玄奘三蔵《げんじょうさんぞう》に師事して斉明《さいめい》六年(六六〇)に帰国して伝えた。律宗《りっしゅう》は唐の鑑真《がんじん》(六八七〜七六三)が天平勝宝《てんぴょうしょうほう》六年(七五四)に来日して授戒・伝律を任され、華厳宗《けごんしゅう》は新羅《しらぎ》の審祥《しんじょう》(?〜七四二)が天平十二年(七四〇)に金鐘《こんしゅ》道場ではじめて『華厳経』を講じた、と伝えられる。このように、外国の僧による伝来が多く、外国の圧倒的な影響下にあり、都市に設けられた大寺のなかで諸宗の僧が同居してインド・中国や三国《さんごく》(高句麗・百済・新羅)で発展した各宗の教学を理解・消化するのに仏教の中心がおかれていた。これが学問仏教と呼ばれる理由である。

社会的には国を護る働きが期待され国分寺・国分尼寺が建てられた。

●即身成仏の仏教――平安仏教

奈良時代にも人家の喧騒を離れた空閑地《くうかんち》(阿蘭若《あらんにゃ》)で静かに坐禅修道に励み、学問を修める僧達がいた。自然智《じねんち》が得られるとして有名であった吉野の比蘇寺《ひそじ》は、実は吉野山の手前、現在の大《おお》淀町《よど》にあった。法相宗の玄昉《げんぼう》や北宗禅《ほくしゅうぜん》の唐からの渡来僧道璿《どうせん》(七〇二～七六〇)などが修道を行っていた。最澄《さいちょう》と論争を重ね、空海《くうかい》からも書簡を貰い、空海教学への疑問を提示した法相宗の会津の徳一《とくいつ》もその一人であったし、さらには人里からかなり離れていた最澄の比叡山や、空海の大《おお》滝寺《たきじ》や高野山も同様の坐禅修道の場所であった。

こうした場所から平安時代の仏教が拓《ひら》かれ、修行の裏付けをもって新しい仏教思想が展開されていった。その思想的特徴は速疾成仏《そくしつじょうぶつ》・即身成仏《そくしんじょうぶつ》にあったといえるだろう。

【最　澄】

最澄(七六〇～八二二)は近江の国分寺で北宗禅・律宗の唐僧道璿の弟子行表《ぎょうひょう》の弟子となり、東大寺で受戒の後比叡山へ上り、禅を修し、天台を学んで天台へ転向。桓武天皇が京都へ都を移転させ、清廉な仏教を求めていたのに応じ、唐へ留学し、帰国後天台宗を独立させ、会津の徳一と激烈な論争を交えた。また法相宗の護命《ごみょう》(七五五～八三四)を中心とする僧綱《そうごう》と大乗戒《だいじょうかい》独立を目指して論争を行い、天台を南都諸宗から独立した宗派とした。

その教理は一乗思想にもとづき速疾成仏を樹立したことに特徴がある。『法華経』の火宅《かたく》のたとえで、もう日本では火事の家から子供たちを引き出すために羊車《ようしゃ》・鹿車《ろくしゃ》・牛車《ごしゃ》(三乗《さんじょう》)を用いることは必要でなく、大白牛車《だいびゃくごしゃ》(一乗)を火事の家に直接横付けして子供たちを乗せ、飛行無《ひぎょうむ》礙道《げどう》（空を飛ぶ道）によって目的地へ連れていけばよい、とした。戒律思想でも本来小乗戒《しょうじょうかい》である奈良の戒律を受ける必要がなく、大乗戒のみでよい、とした。

最澄は唐で天台教学ばかりでなく密教・禅・大乗戒を学んだが、密教の知識は十分でなく、そのためその後入唐《にっとう》した慈覚大師円仁《じかくだいしえんにん》（七九〇～八六二）や智証大師円珍《ちしょうだいしえんちん》（八一八～八九一）は主として密教を学んで帰国、安然《あんねん》（八四一～九一五？）が出て天台密教を大成し、天台宗も密教中心となった。後、円仁系と円珍系が争い、比叡山には円仁系が残り、円珍系は三井寺《みいでら》（園城寺《おんじょうじ》）を中心として分裂し、細分化していった。

空海御廟がある高野山奥之院

【空　海】

平安時代に天台宗と並んで弘法大師空海（七七四～八三五）により真言宗が独立、平安仏教を形成した。空海は讃岐《さぬき》（香川県）の佐伯《さえき》氏に生まれ、幼少より学問し、奈良の大学寮《だいがくりょう》に学び、自らの意志で出家、唐で密教を学び帰国した。あらゆる人間の生き方を十段階に分け最高を密教であると考え、六大縁起《ろくだいえんぎ》（宇宙は地・水・火・風・空・識の六要素の縁起によって成り立っている）の思想を確立し、即身成仏（この肉体のままで成仏できる）を唱え、東寺《とうじ》・高野山金剛峯寺《こんごうぶじ》を中心に活躍した。後に真言宗も多くの派に分かれ、平安時代末期には覚鑁《かくばん》（一〇九五～一一四三）が出て紀州根来寺《ねごろじ》によって新義真言宗を建て、後に智山《ちさん》派と豊山《ぶざん》派に分かれた。

●一つの行に専念——鎌倉仏教

平安時代末期から鎌倉時代にかけて、天台宗系から新しい宗派が生れた。その特徴は、一つの行による（専修《せんじゅ》）といってよいだろう。その先駆けをなしたのは浄土宗の開祖法然上人源空《ほうねんしょうにんげんくう》（一一三三～一二一二）だった。

【法然と親鸞】

法然上人は幼いとき父を殺され、敵の手を逃れて出家し、比叡山に入って黒谷青龍寺《くろだにせいりゅうじ》で学問し、奈良、大坂などへも遊学し、智慧第一と称せられたが、実際に救われる道を求めて中国善導《ぜんどう》大師の教えに従って念仏だけを行う道（専修念仏）へ入った。貴族や武士など多くの人の信仰を得たが、それが逆に仇《あだ》となって比叡山や奈良など従来の仏教教団に排斥され、四国へ流罪《るざい》となり、許されて京都へ帰って間もなく亡くなった。

法然の弟子で浄土真宗の開祖となった親鸞は下級貴族の子に生まれ、幼時比叡山へ入り、天台の念仏を行う常行三昧堂《じょうぎょうざんまいどう》の堂僧《どうそう》となり、深い自己反省の下に煩悩にまみれた人がそのままで救

日蓮立教開宗の地・清澄寺

われる道を求めて法然の弟子となり、結婚し、法然が四国へ流されたとき越後《えちご》へ流され、後に許されて関東へ赴き常陸《ひたち》国に滞在し、六十歳を過ぎた頃京都へ帰り、九十歳で京都で亡くなった。

その教学は専修念仏を受け継ぎ、特に天親《てんじん》（世親《せしん》）・曇鸞《どんらん》の系統の説く、その五種類の念仏をすべて阿弥陀仏から与えられたものに転換し、すべては他力《たりき》（仏力《ぶつりき》）によるとし、悪人こそ救われる道を確立した。

法然の系統からは、念仏を唱えるとき、そこがそのまま浄土の世界に転換されると説く時宗《じしゅう》の一遍上人智真《いっぺんしょうにんちしん》（一二三九～一二八九）も出た。

【栄西と道元】

比叡山からはさらに臨済宗の栄西《えいさい》（一一四一～一二一五）や曹洞宗の道元《どうげん》（一二〇〇～一二五三）も出た。道元は天台教学によって、本来すべてが仏であるならば、なぜ修行が必要であるのか、という質問を持って、学匠の許《もと》へいき、さらに中国へ留学して曹洞禅の如浄《にょじょう》禅師の所で悟りを得た。その悟りの内容は坐禅の修行を行えば、修行がそのまま仏の行であり、坐禅と仏の悟りとが一体である（修証一如《しゅしょういちにょ》）というものである。帰国後しばらく京都に滞在し、その後北陸の永平寺《えいへいじ》へ退き、そこで坐禅に励み弟子を導いた。

栄西の臨済宗では、その後中国から多くの僧が来て、鎌倉・京都を中心に隆盛に赴いた。

【日　蓮】

安房《あわ》（千葉県）に生れた日蓮は、日本第一の智者になることを誓って鎌倉や比叡山などで学び、『法華経』最高の立場を悟って帰郷、『法華経』の題目《だいもく》を唱える行に専念した。

日蓮には二つの問題があったとされている。何故日本は乱れているのか、と、多くの経典があるなかで、最高の経典は何か、ということである。この二つは裏表の関係で、当時浄土宗が盛んであるから日本の国は乱れており、最高の経典である『法華経』を日本中の人々が信ずれば平和な国になると考えた。そのための努力を重ね、流罪になったり苦難を重ね、晩年は身延《みのぶ》へ隠棲《いんせい》した。

また、鎌倉時代、奈良の仏教も勢いを取り戻し、そのなかから新しい真言律宗《しんごんりっしゅう》が生れた。

●まとめ

こうして奈良時代の学問仏教から発展し、学問と修行を行い、密教中心となった平安仏教を経て、従来の仏教の一乗思想・即身成仏思想の上に鎌倉時代の専修の仏教が生れた。こうした仏教純粋化の反面、民俗信仰や神道を受け入れて国民の間に仏教が定着していった。（田村晃祐）

コラム

本尊の違い

今日、一般的に本尊といえば本堂や仏壇の中央に安置されている仏像や仏画、教えを表現している文字のことをいいます。本尊は各宗派ごと違いますが、見分けるポイントは「釈迦如来」「大日如来」「阿弥陀如来」「南《な》無《む》妙《みょう》法《ほう》蓮《れん》華《げ》経《きょう》」「奈良仏教」の五つです。

●ポイント1「釈迦如来」

平安時代、最澄の開いた天台宗と禅宗系の宗派（鎌倉時代に栄西が開いた臨済宗と道元の曹洞宗、江戸時代に隠元が開いた黄檗宗《おうばくしゅう》）の本尊は釈迦如来です。

●ポイント2「大日如来」

最澄と同時期の平安時代、空海が伝えた真言宗の本尊は大日如来です。

ところが、国内にある天台宗と真言宗、禅宗系の寺院の本尊はどんな仏でも本尊になるため見分けは困難です。

釈迦如来（飛鳥大仏、安居院）

天台宗の教えは総合仏教です。このため、釈迦如来以外の諸仏諸菩薩も、釈迦如来が人々のために姿を変えて現れたものと考えるため、本尊となります。

一方、真言宗の教えである密教の本尊は大日如来ですが、それ以外のすべての如来、菩薩、明王《みょうおう》、諸天は大日如来の変身した姿であるため、本尊となります。

禅宗系の場合は一般的には釈迦如来像が本尊です

が、厳密な定めはなく、各寺院に縁のあった諸仏が本尊となっています。

　というわけで、天台宗、真言宗、禅宗系では阿弥陀如来や薬師如来、観音菩薩、地蔵菩薩、不動明王などが本尊としてまつられています。

　また、天台宗と真言宗では曼荼羅《まんだら》（大日如来を中心とした諸仏の集合絵）を本尊の脇に飾ることもあります。これは禅宗系にはみられません。

　大日如来と曼荼羅がある場合は真言宗の可能性が高いとはいえますが、本尊だけでは宗派名がわからないのが実情です。

大日如来（成田山新勝寺）

●ポイント３「阿弥陀如来」

　浄土系の宗派には平安時代後期の良忍《りょうにん》の融通念仏《ゆうづうねんぶつ》宗《しゅう》、鎌倉時代の法然の浄土宗、親鸞の浄土真宗、一遍の時宗《じしゅう》があります。

　浄土系の教えの基本は「阿弥陀如来の南無阿弥陀仏を称《とな》えた人々すべてを極楽へ導く願い」にあります。したがって、本尊となる仏は阿弥陀如来のみで、他の仏像が本尊になることはありません。ただし、浄土系各宗派内での相違がいくつかあります。

阿弥陀如来（黒谷青龍寺）

【融通念仏宗・浄土宗の本尊】

阿弥陀如来だけでも本尊になりますが、向かって右に観音菩薩、左に勢至《せいし》菩薩を安置した阿弥陀三尊も本尊となります。観音菩薩は阿弥陀如来の慈悲、勢至菩薩が智慧を表しています。

【浄土真宗・時宗の本尊】

本尊は阿弥陀如来のみです。通常は阿弥陀如来の立像の絵像か木像ですが、「南無阿弥陀仏」と文字で書かれた名号《みょうごう》本尊と呼ばれる本尊もあります。「南無阿弥陀仏」を六字名号といい、九字名号、十字名号などもあります。

●ポイント4「南無妙法蓮華経」

歴史の教科書に鎌倉仏教として登場するのが、浄土宗、浄土真宗、時宗、臨済宗、曹洞宗、そして、日蓮が開いた日蓮宗です。

日蓮は『法華経』を根本経典とし、「南無妙法蓮華経」を唱えることを説きました。現在、日蓮宗でまつられるもの

日蓮筆の曼荼羅本尊

の基本として、次の三つをあげることができます。

1、『法華経』を説いた釈迦如来像など

2、大曼荼羅

3、宗祖日蓮像

大曼荼羅は日蓮が示した本尊です。中央に「南無妙法蓮華経」と大きく書かれ、左右に釈迦牟尼仏《しゃかむにぶつ》、多宝《たほう》如来、ほかには菩薩や仏弟子、諸天、四隅には四天王の名前が書かれています。

日蓮系の宗派には日蓮宗の他に法華宗《ほっけしゅう》、日蓮正《にちれんしょう》

宗《しゅう》などがあり、本尊のまつり方に相違がありますが、「南無妙法蓮華経」の文字があれば日蓮系の宗派です。

●ポイント5「奈良仏教」

奈良には奈良時代に伝えられた有名寺院があります。法相宗の本山は薬師寺（本尊・薬師如来）と興福寺（本尊・釈迦如来）です。東大寺（華厳宗）の本尊は毘盧舎那仏《びるしゃなぶつ》、別名、奈良の大仏さんで親しまれています。鑑真和上《がんじんわじょう》で有名な唐招提寺《とうしょうだいじ》（律宗）は『梵網経《ぼんもうきょう》』の中心仏である毘盧舎那仏が本尊です。個々の教えの仏がそのまま本尊です。

毘盧舎那仏（東大寺）

以上、五つのポイントで整理してみました。しかし、釈迦如来と大日如来、阿弥陀如来の区別がつかないと、ますます宗派の本尊はわからなくなっていきます。

（村越英裕）

天台宗と真言宗

●最澄と空海

平安時代初期、仏教界に新風を吹き込み、その後の日本仏教や日本人の精神文化の方向性を示した二人の偉大な宗教家がいた。伝教大師最澄《でんぎょうだいしさいちょう》（七六七～八二二）と弘法大師空海《こうぼうだいしくうかい》（七七四～八三五）である。奈良時代までに伝えられた仏教の骨格をもとにして、さらに肉付けをおこないつつ、日本人にとっての真の仏教を目指したのである。

両者は、偶然にも同じ遣唐使節団《けんとうしせつだん》とともに中国へ渡り、かの地の仏教情報を得て帰国。その後はそれぞれ比叡山《ひえいざん》、高野山《こうやさん》を拠点として、その理想を実現すべく諸活動に邁進《まいしん》した。結果として天台宗《てんだいしゅう》と真言宗《しんごんしゅう》という宗派が成立したのであるが、わが国の人びとの自然風土観や心情に適合させながらも、より高い精神性を希求したという点において何ら異なることはない。

しかし最澄の天台宗、空海の真言宗と並べて振り返ってみると、自ずとその性格には相違が見られる。それは奇《く》しくも、それぞれの「伝教」「弘法」という大師号《だいしごう》に象徴的に顕《あらわ》れているように思えるが、いかがであろうか。

最澄以来、脈々と学問の伝統が続き、いわば仏教総合大学として多くの宗教的人材を育《はぐく》んできた比叡山。中世までに限ってみれば、宗内では円仁《えんにん》・円珍《えんちん》・相応《そうおう》・良源《りょうげん》・源信《げんしん》等を輩出し、比叡山を離れて新たな仏教を摸索《もさく》し活躍した空也《くうや》・良忍《りょうにん》・法然《ほうねん》・栄西《えいさい》・道元《どうげん》・親鸞《しんらん》・日蓮《にちれん》・真盛《しんぜい》など伝統教団のほとんどの祖師たちを生み出している。彼らの天台宗に対する思い入れの差こそあろうが、そこには「伝教」の名にふさわしい伝統が息付いていたのである。

真言宗からは覚鑁《かくばん》・頼瑜《らいゆ》、江戸時代の慈雲《じうん》が出ているが、著名な宗教家は多いとはいえない。一方で、今でも「お大師様」といえばまず空海である。その幅広い宗教活動の実績を承《う》け、弟子たちや高野聖《こうやひじり》などによって日本の津々浦々にまで広まった大師信仰は、民衆にとって印象的なエピソードをともないながら、一宗派を超えた大衆的、普遍的な仏教信仰を根付かせてきた。まさに「弘法」の大師号は贈られるべくして贈られた名といえよう。

最澄

この際立った特徴は、当然その仏教観や教学上の相違を背景としているだろう。また、最澄の教学が学問的には未完成な部分があり、後継者の活躍の余地を残したのに対し、空海の思想はほとんど完成されたものであったこと、京の都から近く弟子の集まりやすい比叡山と、遠く離れた高野山という地理的条件もあったと思える。

空海

●天台宗と真言宗の教え

【天台宗】

天台宗の教義は、もともと中国の天台大師智顗《ちぎ》（五三八〜五九七）によって大成された仏教体系である。すなわち『法華経』を仏教の結論と位置付け、これを基準としてすべての経典の教えの整合性を主張した。

『法華経』の思想は一切の衆生《しゅじょう》が等しく悟ることができ、仏に成れるという真実の教えである。そして他の経典はそこに到達するまでの仮《かり》の教え、つまり方便《ほうべん》の教説であるが、智顗によれば方便の教えも決して無意味ではなく、すべて真実のなかに包括されるという。

中国天台山でこの天台教学を受け、さらに密教や禅の伝承をも加えて、最澄は比叡山に日本天台宗を確立した。彼は日本人が、真の大乗仏教である『法華経』の根本精神を受け入れる機根《きこん》を有しているとし、比叡山こそが、その教えを学び、広めていく大乗仏教僧の養成の場であると考えたのである。学僧を輩出した遠縁ともいえる。

【真言宗】

真言宗の創始者、空海も中国に渡り、隆盛を極めていた密教の教えを恵果阿闍梨《けいかあじゃり》（七四六〜八〇五）より受けた。しかし最澄の場合と異なり、真言密教の教義はむしろ空海自らがつくり上げたといってよい。

彼は『大日経《だいにちきょう》』と『金剛頂経《こんごうちょうきょう》』を根本聖典とし、多くの著作をなして、大日《だいにち》如来を中心とした「胎蔵界曼荼羅《たいぞうかいまんだら》」と「金剛界《こんごうかい》曼荼羅」を思想的に究《きわ》め、十住心《じゅうじゅうしん》思想や即身成仏思想を展開したのである。

特に十住心思想は、衆生の心のあり方や価値観また菩提心《ぼだいしん》が展開するありさまを、仏教の諸思想と対応させて十種の段階に分類したものであり、優《すぐ》れた人間論ともなっている。この第十番目の秘《ひ》密荘厳住心《みっしょうごんじゅうしん》においてこそ、大日如来と一体となった真言行者の心があらわになるとされる。

空海はさまざまな社会事業的活動にも心を配り、文才に優れ能筆家《のうひっか》でもあった。密教の神秘性とともに、大師信仰が広く浸透していった理由でもあろう。

●天台宗と真言宗の相違

両者の相違は、はじめに述べたように、いわば歴史的結果としてのそれぞれの性格を対比的に論ずることができるし、それはそれで理解しやすいだろう。ここではより教学的な面からの相違を、二、三の観点から考えてみよう。

まずそれぞれの密教観の違いである。天台宗の密教を台密《たいみつ》、真言宗の密教を東密《とうみつ》という。中国から密教を伝えたのはまず最澄であったが、その密教は十分なものではなく、台密の完成はその弟子たちに委《ゆだ》ねられた。そして最澄が伝えた天台教学と密教をどのように関係付けるかが問題であった。天台智顗の時代には、『大日経』も『金剛頂経』も存在しておらず、密教については何も語っていないからである。そこで日本天台宗では、原則的に両者を同価値と見なす立場をとるのである。

一方で空海ははじめから密教至上主義をとっている。上述した十住心思想においても、『法華経』の教えは第八住心に置かれ、より劣った立場と見なされているのである。

このように天台の思想の性格は広く総合主義的であるのに対し、真言宗は密教に集中した選《せん》択《ちゃく》的、統合的な教えであるといえよう。

また天台教学は基本的には、つまり智顗の思想的立場からすれば「従因向果《じゅういんこうか》」的であり、真言教学は「従果向因《じゅうかこういん》」的であると思える。

自己の問題として仏教を考えるとき、凡夫《ぼんぷ》の迷いの心（因《いん》）を出発点とし、それをありのままに見つめつつ、その向上（果《か》）を目指していこうとする仏教観が前者である。日本天台宗においては、密教の思想もあるのだから「従果向因」的とばかりはいえないが、相対的にはこのような傾向がある。

他方、悟りの世界、仏の世界（果）がまずここに広がっており、われわれはその仏の心に包まれているという自覚（因）を大切にしていこうとするのが後者である。密教で説く即身成仏《そくしんじょうぶつ》の思想などもこれに対応するものであろう。

最後に、天台宗の法儀・法要と真言宗のそれを比較してみると、天台宗の方がおとなしく地味であり、真言宗は比較的にぎやかで派手なところがあるように見える。このことは、歴史的にあるいは現代において個々の寺院の法要を調査した上ではなく、筆者の印象に過ぎないが、護摩焚《ごまた》きひとつをとっても、真言宗の方が専門的であり演出的効果に勝《まさ》っているように思える。

ただし天台宗の場合は、仏教の多くの部門を包括しており、派手さはないが多様な法儀・法要が展開しているといえるだろう。

（塩入法道）

コラム

修験道と回峰行の違い

●山岳信仰と修行

特異な白装束《しろしょうぞく》で、真言や経文を唱えながら峰々を飛び回る姿は、比叡山《ひえいざん》における回峰行《かいほうぎょう》にも、大峯《おおみね》山《さん》などで行われている峰入《みねい》りの行にも共通のイメージとして、一般には見なされているであろう。どちらも日本における山岳信仰・山岳修行の典型的な現れである。

仏教が奈良から平安に舞台を移してから、山修《さんしゅ》山学《さんがく》の仏教および密教《みっきょう》が主流となった。もともと仏教の基本的修行も、人里離れた静寂な地で禅定《ぜんじょう》に励むことであり、比叡山や高野山を拠点とした最澄《さいちょう》や空海《くうかい》もこうした伝統を汲んでいるのである。

このような時代に発達した修験道《しゅげんどう》も回峰行も、同じ宗教的背景を持っているとはいえよう。しかし両者はその成立にあたり相違する点もあり、後世に影響しあった部分も多いが、一応は別の修行組織と見た方がよいかもしれない。

大峯山の峰入り

●修験道

修験道は、山岳信仰や神仏習合《しんぶつしゅうごう》信仰その他が融合し確立された、日本独特のひとつの宗教である。明治政府による神仏分離政策がなければ、今でも民衆に大きな影響力を持っていたのではないかと考えられる。

役小角《えんのおづぬ》を祖師と仰ぐが、平安中期以降、吉野や熊野が朝廷や貴族に信仰され、さらに大峯山が修験の根本霊場となっていく。この頃より役小角が感得した金剛蔵王権現《こんごうざおうごんげん》が修験道の本尊として信仰されるようになる。

中世以降は、大峯山の修験道は天台系の本山派《ほんざんは》と真言系の当山派《とうざんは》に分派して、しだいに教理や教団が整備され、修行方法なども体系化してくる。地方諸山の組織も独自に発達するようになり、江戸時代になると、修験道は山伏祈祷《きとう》や漢方薬の頒布《はんぷ》を通して民衆の生活に密接に浸透し

比叡山の回峰行

ていったのである。

その思想は、山の大自然のなかに身をおいて、それと一体化しようというものである。仏教的にいえば、大日如来《だいにちにょらい》と一体になるとされ、行者が大日如来になるのであるから、修行に入る山岳もまた自然の曼荼羅《まんだら》にほかならないといわれる。

●回峰行

相応和尚《そうおうかしょう》（八三一〜九一八）によってはじめられた日本天台独自の修行で、比叡山の峰々を巡《めぐ》るので回峰行と呼ばれる。七年間にわたり、のべ一千日の回峰が課せられ、七百日目の後には九日間、断食・断水・断眠・不臥《ふが》で護摩《ごま》を焚《た》く「堂入《どうい》り」と呼ばれる修行も含む難行である。そしてこれらを達成した行者は大阿闍梨《だいあじゃり》と尊称される。

『法華経』に説かれる常不軽《じょうふきょう》菩薩の礼拝行《らいはいぎょう》を、比叡山に適用した修行法ともされるが、行中の本尊は

不動明王《ふどうみょうおう》である。

●修験道と回峰行の相違

修験道は、天台宗や真言宗と密接な関係を持ちながらも、一線を画した宗教として日本中に広く信仰されたものである。現在でもいくつかの教団があり信者も多い。一方、回峰行はあくまで比叡山で行われてきた修行であり、天台の行の一つである。さらに行中の装束や持ち物、礼拝の仕方等、細かいことをいえばかなり異なっている。

また修験道をになう人々は在俗者が多く、一定の期間、修行に入るが、そのほかは一般の生業についている。これは修験道の特徴でもある。他方、回峰行者はもちろん天台宗僧侶である。

近年、百日に限って回峰行を志す僧も増え、大阿闍梨について一日の回峰を体験する信者も多い。修験道においても峰入り行などが、新たに見直されてきているようだ。

両者の異なりはともかく、同様の自然観にもとづいた特徴を現代的に活かしていけば、日本仏教にとって新たな道が開けるのではなかろうか。

（塩入法道）

浄土宗と浄土真宗

——教義上の観点から

●凡夫の自覚

近代の日本思想史の上で大きな功績を遺した鈴木大拙《だいせつ》は、その『日本的霊性』のなかで、

日本的霊性への寄与ということから見れば、法然上人《ほうねんしょうにん》と親鸞聖人《しんらんしょうにん》は一人格である。

と喝破《かっぱ》した。

法然は、その比叡山における長い苦闘を通して修道に躓《つまず》き、

かなしきかな、かなしきかな、いかがせん、いかがせん。ここに我等ごときはすでに戒定《かいじょう》慧《え》の三学《さんがく》の器《うつわ》にあらず。
（『法然上人行状絵図』第六巻）

と悲歎し、念仏の一道《いちどう》に帰入《きにゅう》した。親鸞は、

正法《しょうぼう》の時機《じき》とおもえども　底下《ていげ》の凡愚《ぼんぐ》となれる身は
清浄真実《しょうじょうしんじつ》のこころなし　発菩提心《ほつぼだいしん》いかがせん
（『正像末和讃《しょうぞうまつわさん》』）

と悲歎し、念仏門へと帰入した。

「三学非器」（法然）と「底下の凡愚」（親鸞）の主体的な自覚は、両者に浄土門への帰依《きえ》を促《うなが》した。

その二人の魂の軌跡は大拙氏が説かれたように同一線上にある。しかも親鸞は、法然を生涯にわたる善知識《ぜんちしき》と仰ぎ、

たとい、法然聖人にすかされ（だまされ）まいらせて、念仏して地獄におちたりとも、さらに後悔すべからずそうろう。

（『歎異抄』第二章）

と告白するほどに、偏《ひと》えに法然の師教《しきょう》に随順した。したがってことさら両者の表現上の違いを強調することは適切ではない。ただ両者を取り巻く歴史的環境が、教法の了解《りょうげ》の異なりを生ぜしめたと見るべきであろう。

本稿では、仏道の体系を表す教《きょう》・行《ぎょう》・信《しん》・証《しょう》を通して、法然と親鸞から展開する浄土宗と浄土真宗の異なりを一瞥《いちべつ》することにしたい。

●教――『観経《かんぎょう》』と『大経《だいきょう》』

法然は、浄土宗を立教開宗するに際して、所依《しょえ》の教について、

初《はじめ》に正しく往生浄土を明かすの教というは、三経一論これなり。三経というは、一には『無《む》量寿経《りょうじゅきょう》』、二には『観《かん》無量寿経』、三には『阿弥陀経』なり。一論というは、天親《てんじん》の『往生《おうじょう》論《ろん》』これなり。或はこの三経を指して、浄土の三部経《さんぶきょう》と号すなり。

（『選択集《せんじゃくしゅう》』教相章）

と定めた。本書を一読すれば明らかなように、法然は、三経をともに等価に見ているが、ただ『観

経』家《け》の善導大師《ぜんどうだいし》に依っている関係上、浄土宗では、第七祖聖冏《しょうげい》の「総依《そうえ》三経・別依《べつえ》観経」という言葉が端的に示しているように、『観無量寿経』が特に尊重される。

一方、親鸞は、師法然の三経同価論・三経一致論をふまえて、この三経のなかでも、

それ、真実の教を顕《あらわ》さば、すなわち『大無量寿経』これなり。（『教行信証』教巻）

と説示《せつじ》する。親鸞は、『無量寿経』を『大無量寿経』と呼び、これを真実教と仰ぎ、『観経』『阿弥陀経』を方便の教と位置付ける。それは、三部経のなかでも特に『大経』に本願《ほんがん》が説かれているからにほかならない。

●行——称名《しょうみょう》と聞名《もんみょう》

法然

法然は、『選択本願念仏集《せんじゃくほんがんねんぶつしゅう》』の題目が示すように、選択本願の念仏の独立絶対価値を顕揚《けんよう》し、「南無阿弥陀仏、往生の業《ごう》は念仏を本《ほん》（先）とす」と巻頭に標《しる》した。いわゆる標宗《ひょうしゅう》の文《もん》である。この念仏為本《ねんぶついほん》の立場は、本書全十六章に通底するが、特に二行章において、

善導和尚《かしょう》、正雑二行《しょうぞうにぎょう》を立てて、雑行《ぞうぎょう》を捨てて正行《しょうぎょう》に帰するの文（『選択集』二行章）

親鸞

と標章《ひょうしょう》し、善導の指教《しきょう》によって、諸行を雑行として廃捨《はいしゃ》し、念仏一行を正行と受けとめてこれを立てた。これを廃立《はいりゅう》という。法然は、その生活において日課七万遍の念仏を実践した。浄土宗の第二祖の聖光房弁長《しょうこうぼうべんちょう》は、師法然を承《う》け、『観経』重視の立場から、

その義を知らず、その文を知らざるとも、ただ称名の行に依りて、もっとも往生を待つべし。（『末代念仏授手印』裏書）

と述べ、高良山《こうらさん》の厨寺《くりやでら》で千日の如法《にょほう》念仏を修するなど、称名《しょうみょう》の一行三昧を徹底した。

親鸞は、「ただ念仏して、弥陀にたすけられまいらすべしと、よきひとのおおせをかぶりて、信ずるほかに別の子細《しさい》なきなり」（『歎異抄』第二章）と告白するように、「よきひと」法然の念仏為本の教えに信順し、称名念仏を大切にしたが、その念仏は、『大経』の聞名《もんみょう》の思想を承けている。

真宗念仏ききえつつ　一念無疑なるをこそ
稀有最勝人《けうさいしょうにん》とほめ　正念《しょうねん》をうとはさだめたれ
（『高僧和讃』善導）

この和讃が示しているように、親鸞は、称名において、如来の御名《みな》を聞くという『大経』の聞名の教えを大切にする。すなわち、真宗念仏は、念仏の声となってまで働いてくる如来の本願を

どこまでも聞いていくという、称《とな》えながら聞く念仏である。

●信――三心《さんじん》と三信《さんしん》

法然は、念仏を往生浄土の行の基本であると見定め、これを唱道したが、この念仏為本の立場を、その念仏を受けとめる信心と切り離して説いたわけではない。法然がその著述に、『観経』散善観《さんぜんかん》に説かれる三心、すなわち至誠心《しじょうしん》・深心《じんしん》・廻向発願心《えこうほつがんしん》を具足《ぐそく》せよ、と強調するのは、念仏が信心を離れてはないことを示すためである。

法然は、この三心の意趣を承けて、『選択集』に、

念仏の行者、必ず三心を具足《ぐそく》すべきの文　（『選択集』三心章）

という一章を設けた。いわゆる「三心章」である。この章題に、念仏と三心の不離であることが明説されている。そして、この信を救済の核心に据え、「当《まさ》に知るべし、生死《しょうじ》の家には疑を以《もっ》て所止《しょし》とし、涅槃《ねはん》の城には信を以て能入《のうにゅう》とす」（同）と説いた。仏道の実践において、信がこれほど重視されたのは、法然からであろう。その意味で、『選択集』に信の意義を開示した三心章が置かれた意味は実に大きいといえる。

法然門下において、三心はとりわけ重視された。浄土宗西山派《せいざんは》の第二祖である善恵房《ぜんねぼう》証空《しょうくう》は、例えば次のようにいう。

凡《およ》そ三心とは、韋提《いだい》、定善示観縁《じょうぜんじかんえん》にて欣浄《ごんじょう》、顕行《けんぎょう》の二縁に還《かえり》て、領解《りょうげ》せし心の形なり。
（『他筆鈔《たひっしょう》』）

三心とは、『観経』の主人公である韋提希夫人《いだいけぶにん》が『観経』の行（定善観《じょうぜんかん》と散善観《さんぜんかん》）を受けとめた心の形《かたち》であると。以下、念仏の心の形である三心の意義を証空は、順次に説く。

親鸞は、『観経』三心の意義をもとより重視したが、これを方便の信と見定め、

『観経』の三心は定散二機《じょうさんにき》の心なり。定散二善を回《え》して、『大経』の三信をえんとねがう方便の深心と至誠心としるべし。
（『唯信鈔文意《ゆいしんしょうもんい》』）

と説く。親鸞は、『観経』の三心は、定散観と散善観という観想行《かんそうぎょう》を修する人（機）の自力の心で、それは、『大経』の三信（至心《ししん》・信楽《しんぎょう》・欲生《よくしょう》）に導入するための方便の信であるという。親鸞は、本願の心（三信）にまで根源化して、信心を了解したといえよう。

●証——三昧発得《さんまいほっとく》と夢告《むごう》

法然と親鸞において、信心の確証《あかし》というべきものは、どこにおいてみることができるであろうか。法然は、証《あかし》について、

善導和尚は、これ三昧発得の人なり。道において既にその証あり。
（『選択集』結勧）

と述べ、道綽《どうしゃく》禅師について、善導の師ではあるけれども、三昧を発得した人ではないから、は

たして往生されたか否かは分からないといっている。三昧とは、宗教的行によって得られる、如来の世界に証入《しょうにゅう》するという体験である。神秘的体験ともいえる三昧発得は、まさに人智を超えているが、法然自身は、自らの念仏の信において、三昧を発得したという不求自得《ふぐじとく》の体験を記している。

法然から『選択集』を授けられる親鸞（「本願寺親鸞聖人伝絵」照願寺）

その体験の記録である『三昧発得記』は、建久《けんきゅう》九年（法然六十六歳）から元久《げんきゅう》三年（七十四歳）に至る九年間にわたり、浄土の有様を見想したという体験を書きとどめたものであり、『観経』の次第と内容に相応している。

では親鸞には、三昧発得のような体験があったのであろうか。

しかれば大聖《だいしょう》の真言《しんごん》、誠に知りぬ。大涅槃を証することは、願力の回向《えこう》に藉《よ》りてなり。（中略）仰ぎて奉持《ぶじ》すべし、特《こと》に頂戴《ちょうだい》すべしと。

（『教行信証』証巻）

この証巻の結びの言葉が示すように、信心の証である涅槃は、大聖（釈尊）の教言に説かれることであり、私たちにとっては、仰いで奉持・頂戴すべきものであるとされる。親鸞は、自ら三昧発得のような宗教体験を語ることはない。しかし信心の証《あかし》となった個人的体験について、夢の告げという形で表現していることは注意されよう。康元二年、八十五歳の親鸞は、自らの魂の危機のなかで、

康元二歳丁巳《ひのとみ》二月九日夜寅時夢告云《とらのときゆめにつげていわく》

弥陀の本願信ずべし　本願信ずるひとはみな
摂取不捨《せっしゅふしゃ》の利益《りやく》にて　無上覚《むじょうかく》をさとるなり
（『正像末和讃』夢告讃）

と告白する。親鸞は、その若き日から、魂の危機に瀕したとき、夢告に導かれてこれを突破した。親鸞における夢告は、信心の証ともいえるのではなかろうか。

（安富信哉）

コラム

西本願寺と東本願寺の違い

●浄土真宗十派

現在浄土真宗には、本願寺派（西本願寺）、大谷派（東本願寺）、高田派、仏光寺派、興正《こうしょう》派、木辺《きべ》派、出雲路《いずもじ》派、誠照寺《じょうしょうじ》派、三門徒《さんもんと》派、山元派の十派がある。この十派においてほぼ四十年前より真宗教団連合が結成され、「法語カレンダー」の作成など、各派が協力して、真宗の伝道に向けて活動している。

また真宗連合学会も一九五四（昭和二十九）年に結成されて、真宗の本義を明らかにすることを目的として、学会活動を行ってきている。二〇一〇年の親鸞聖人の七五〇回ご遠忌を迎えるにあたって、真宗各派では、本山を中心に、御影堂《ごえいどう》の修復や記念の催しに向けて、さまざまな取り組みがなされた。

申すまでもなく、真宗各派が今日の姿に至るまでには、幾多の紆余曲折があった。それぞれが宗祖親鸞の遺教《ゆいきょう》のもと、念仏の僧伽《さんが》を時代社会に開こうとする苦闘であった。とりわけ親鸞没後二〇〇年から三五〇年に至る戦国期は、真宗にとっても動乱たえまない時代であった。今は、本願寺について、その跡を辿ってみたい。

●本願寺誕生と分裂の歴史

宗祖親鸞聖人の没後、京都東山の大谷《おおたに》に廟堂《びょうどう》が設けられ、親鸞の末娘覚信尼《かくしんに》が管領《かんれい》するが、孫の覚如《かくにょ》は廟堂の寺院化を企て、本願寺と号した。これが大谷本願寺である。しかし比叡山との争いのもと、寛《かん》正《しょう》年間（一四六五）にこれは破却される。蓮如は、吉崎（福井県）に退去して、やがて京都山科《やましな》の地に本願寺の堂舎を再建する。これが山科本願寺である。山科の堂舎は、五十年後に、今度は法華宗徒に焼かれ、大坂石山の坊舎に寺基を移した。これが石山本願寺である。

　戦国乱世のなかで、「天下布武」を旗印として、集権的な統一国家を樹立しようとした織田信長は、強力な軍事力と経済力を持つ本願寺を敵視し、大坂石山の地を手中に入れようとして、本願寺に退却を通告した。しかし本願寺は、門徒の奮起を促して、これに抵抗した。以後十年間にわたる石山合戦が続いた。しかし戦況は次第に本願寺に不利になり、一五八〇（天正八）年、朝廷の仲介で和議が結ばれることになった。

　石山開城に際し、本願寺顕如《けんにょ》は退出したが、長子の教如《きょうにょ》は、信長を警戒し籠城を続けた。顕如は教如の行動をいさめるが、結局は、教如を義絶した。のちの本願寺分立は、この親子の対立が原因となっている。

　秀吉は本願寺に好意的な態度を示し、京都西七条の地に土地を寄進し、顕如は、本願寺の寺基をここに移した。顕如の没後本願寺を継職したのは、はじめ教如であったが、秀吉の命で退隠し、第四子准《じゅん》如《にょ》がこれを継いだ。しかし教如は、その隠居中にもさまざまな活動を継続し、事実上、教如教団が成立することになる。教如は、一六〇二（慶長七）年、家康より東六条の地に四町四方の寺地を寄進され、翌年、厩橋（前橋）妙安寺の祖像を奉じた。

　以来、従来の本願寺門徒は両寺に分かれて所属し、通称として、准如が継職した堀川七条の寺を西本願寺（本願寺派）、教如が別立した東六条の寺を東本願寺（大谷派）と呼んで今日に至っている。

●所属寺院数と寺宝

　東本願寺は、所属寺院が九二〇〇ほどであるが、四度の大火に遭っている。寺宝としては、親鸞自筆の『教行信証』（坂東本、国宝）や覚如の『親鸞伝絵』（重文）を所蔵する。西本願寺は、所属寺院一〇四〇〇ほど。飛雲閣などの建造物や、親鸞自筆の『観経・弥陀経集註』（国宝）、親鸞聖人像（鏡御影、国宝）、『恵信尼文書』（重文）などを擁している。

●輩出者の傾向

近代になって、本願寺はこれまでの幕府の保護を脱して自立を求められることになるが、多彩な人物が輩出したことは想起されよう。東本願寺からは、宗門改革を推進した清沢満之《きよさわまんし》、その感化のもと、教学を追求した曽我量深《そがりょうじん》、金子大栄《かねこだいえい》、あるいは伝道者として活躍した暁烏敏《あけがらすはや》などが現れた。

一方、西本願寺からは、神道国教化に反対して、政教分離運動を展開した島地黙雷《しまじもくらい》、大谷探検隊を組織した大谷光瑞《こうずい》、歌人、随筆家の九条武子《くじょうたけこ》、詩人の金子みすゞ、などが出た。東本願寺は教学者で、西本願寺は学者や文化人で世に知られている人が少なくないようである。

（安冨信哉）

大谷光瑞

清沢満之

臨済宗と曹洞宗

●歴史的経緯

インドでは古来、身体を調《ととの》え、迷いを断ち、感情を鎮《しず》めて真理に目覚めるという方法が重んじられていました。それをインドの古語で「ディヤーナ」とか「ジャーナ」といい、それが中国で「禅那《ぜんな》」と音写され、「禅定《ぜんじょう》」と訳されました。この禅定に特に重点を置いて熱心に修行する人々がやがて現れ、禅の門流を形成しました。

六世紀に禅の祖師・達磨《だるま》（？～五三〇？）が悟りの心を伝えようと中国に来られ、その達磨の法（悟り）が慧可《えか》に受け継がれ、六祖慧能《ろくそえのう》（六三八～七一三）に至って禅の教えは中国の大地に根付きました。禅は「伝える」といっても、言葉で説明して理解力や記憶力の優秀な人材を後継者にするのではありません。大悟した師が、弟子の境地が悟りに至ったと解《わか》ったとき、はじめて自分の法の継承者として認めるものです。

その後、中国に次々と力量ある禅僧が現れます。唐末から五代にかけて、五つの禅のグループ（宗派）が形成され分かれていきました。「五家《ごけ》」といいます。すなわち臨済宗《りんざいしゅう》、潙仰《いぎょう》宗、曹洞《そうとう》宗、雲門《うんもん》宗、法眼《ほうげん》宗です。ただし、それぞれ一家風ある禅匠《ぜんしょう》がそれぞれ個性を持って弟子を指導しましたが、禅の根本そのものは異なるものではありませんでした。後述しますが、禅宗は釈尊が坐禅により悟った体験を私たちが誰でも同じように体験できるということを根本にしているからです。

六祖慧能が現れ、そのもとで南嶽《なんがく》と青原《せいげん》という際立った弟子が生まれます。さらに南嶽の法は馬《ば》祖《そ》から百丈《ひゃくじょう》へと継がれ、この百丈門下に黄檗《おうばく》が出ます。そしてこの黄檗の弟子・臨済義玄《ぎげん》（?～八六七）によって、臨済宗が興《おこ》るのです。

一方、青原の弟子・石頭《せきとう》の門流は、薬山《やくさん》→雲巌《うんがん》→洞山良价《とうざんりょうかい》（八〇七～八六九）→曹山本寂《そうざんほんじゃく》（八四〇～九〇一）と継がれ、曹山に至って曹洞宗が生まれます。

さらに宋代に入って、臨済宗は楊岐《ようぎ》派と黄龍《おうりゅう》派の二派に分かれ、七宗となり、合わせて「五家七宗」が中国の禅の流れになりました。

さて日本の禅宗は現在、臨済宗、曹洞宗、黄檗宗の三つがあります。鎌倉時代から江戸時代にかけて、中国から渡来した禅僧、中国で修行しその禅匠の法を継いだ日本人の禅僧、あるいは彼らに認められたわが国の禅僧が開山に迎えられて寺が建立され、特に武家に禅の教えが広まっていきました。そして鎌倉時代末期に中国の五山制度が導入され、京都五山と鎌倉五山が生まれます。

では以下に、わが国の臨済宗と曹洞宗の違いを見ていきましょう。

臨済

●大まかな宗風の違い

【臨済宗】

日本の臨済宗は、中国の門流がそのまま流れ込んだため、歴史的に中国の門流の分派的な性格が強いと思います。現在、日本の臨済宗は十四派に分かれていますが、すべての派が臨済禅師を宗祖として、祖師方の悟りの因縁を問題とした「公案《こうあん》」を、師家《しけ》が弟子や信者に与えて根本の修行としています。この公案を用いる修行のあり方が臨済宗の大きな特徴となっています。

宗名は、宗祖の名前をそのまま使いました。臨済とは、臨済が住した小院の名です。中国河北省正定県南郊の滹沱《こだ》河の済《さい》（渡し）に臨《のぞ》む、ということに由来します。臨済の時代、河北の地は武人が支配し力を持っていました。その影響を強く受けて臨済は「将軍の禅」と称されるほど痛快な言語や方法（棒や喝《かつ》）を用いて、僧や武人を指導しました。

臨済宗では坐禅をするときも、壁を背にして反対側に坐禅する人と向き合って坐ります。あたかも武人が争うときの様を想起させます。この宗風は、臨済宗の際立った特色となっていきました。

ちなみに、一方の曹洞宗は、坐禅は壁に向かって行います。なお、坐禅の指導に用いる棒「警策」を、臨済宗は「けいさく」と呼び、曹洞宗は「きょうさく」と呼びます。

【曹洞宗】

宗名の由来は二説あります。一つは洞山良价と曹山本寂の頭文字をとったという説。もう一つは曹渓《そうけい》慧能（六祖慧能）と洞山の頭文字をとったという説です。洞山は穏和な江南に住したこともあって、頓悟《とんご》（因縁が熟したときハッと悟って一切の苦悩や迷いから自由になること）よりも、生涯修行していく綿密な家風を重んじました。

日本の曹洞宗の祖師・道元《どうげん》禅師（一二〇〇～一二五三）は中国の曹洞宗の禅を修しましたが、自身は宗団形成を意図せず、師である如浄《にょじょう》から継いだ法を禅宗と呼ばず、自ら釈尊の正伝《しょうでん》の仏法と称しました。

ところで日本の曹洞宗は道元を高祖《こうそ》、瑩山《けいざん》（一二六四？～一三二五）を太祖《たいそ》と仰ぎます。実は曹洞宗と称するようになったのは道元から四代あとの瑩山によって宗団として基礎が形成されてからのことで、よって曹洞宗はこの両祖を立てるのです。曹洞宗は臨済宗のようにいくつも派が存在しません。永平寺《えいへいじ》と総持寺《そうじじ》の両本山を尊崇しています。

●教義・考え方の違い

【臨済宗】

先に、釈尊は坐禅をして自己を見つめ、自己の心の根源に目覚めて人生の苦悩を超えたという宗教体験を禅宗は第一義とすると申しました。釈尊が目覚められたこの「本当の自己」を、臨済は「一無位《いちむい》の真人《しんにん》」と示しました。

臨済は、仏教のさまざまな教え（なかでも戒律）を一生懸命に研鑽《けんさん》しましたが、人間的苦悩はひとつも解決できませんでした。やがて黄檗に師事しましたが、何も修行は進みません。そして「仏法のぎりぎりのところを一言で示してください」と黄檗に問います。すると黄檗は、いきなり渾身《こんしん》の力で臨済を叩《たた》いたのでした。思わず「痛い！」と臨済は叫び、何も反論できず引き下がりました。日を改めてもう一度同じ質問をしましたが、同じように叩かれ、さらにもう一度行き、やっぱり叩かれました。とうとう自分のような者はいくら修行してもものにならないから、あのような振る舞いをされたのだと思って黄檗の下を去り、黄檗の友人・大愚《たいぐ》のところへ行きます。

大愚は黄檗がどう指導したか尋ねます。三度行って三度叩かれたということを臨済が話すと、大愚は即座に意外なことを言いました。「黄檗はお前さんのために老婆のように親切ではないか」と。その刹那《せつな》、臨済はハッと悟ります。

黄檗に叩かれ、「痛い！」と声をあげたとき、臨済は何も考えず、ただ「痛い！」と叫んだのです。「何で叩くのか」と分別《ふんべつ》する以前に「何もないところ」から出たのです。

私たちは日常生活でさまざまな出来事に出会い、判断して行動して生きています。例えば、苦しいことが起こったとき、まず「苦しい」という思いが起こります。ところがその後「何でこんな目にあわなくてはいけないのか」「あいつが悪いからだ」「自分なんかどうにでもなれ」などと、思いを重ねてどんどん苦しみが深まっていくのです。

「苦しい」という最初の念で止めて、マイナス思考を連鎖、輪廻《りんね》させないようにして、今できることにベストを尽くすのが一番いい。最初の念は「何もないところ」から出てきたのです。ここには是非はありません。人間ですから、必ず物事に反応して一念が起きますが、問題はその後の念を続け重ねると、心が乱れて正しい判断ができなくなり、心が不自由になるということです。

臨済も師に叩かれて引き下がったとき、「どこに自分の非があったのか」「自分はあまりに無能だからか」と次々疑念が浮かび、どうしていいかわからなくなったのです。「痛い！」という純粋体験のあと次々と分別心が起きましたが、大愚の「老婆心」という言葉に臨済はハッと腹の底からうなずけました。

つまり「『痛い！』と天地いっぱい叫んだのは一体何ものぞ」「三度もお前さんの師はそれを問

うているではないか。その親切がわからんか」と大愚は迫っているんだと気付いたのです。臨済は「痛い！」と天地一杯に叫んだ声の根源、「何もないところ」こそ柔軟で自在な「真の自己」と悟ったのです。そしてそこから働く生き生きとした人間像を「無位の真人」と高らかに宣言し、禅を鼓舞しました。「真実の自己」が働けば、煩悩があってもいい。それに振り回されず、これこそ真実に主体的に生きる道です。

このように臨済宗の師は弟子に「本当の自己」を自覚させるために、言説で説明しないで、直接、本人が自ら悟るように指導します。これを「直指人心《じきしにんしん》」といいます。ですから「本当の自己」に目覚めることを「見性成仏《けんしょうじょうぶつ》」といい、臨済宗では最重要視しました。

唐代は師が弟子の力量を見て、その都度《つど》、弟子に適切な指導をしました。その後、特に宋代になると祖師方の悟りの言動が公案として次第に整理されていきました。わが国においては、日本に臨済宗をもたらした栄西《えいさい》禅師の法は絶えてしまいましたが、中国の虚堂《きどう》の法を継いだ大応国師《だいおうこくし》→大灯《だいとう》国師→関山慧玄《かんざんえげん》→白隠《はくいん》（一六八五〜一七六八）の法系が残りました。この江戸時代に現れた偉大な禅者・白隠禅師が公案体系を確立し、臨済宗の宗派すべてにおいて今日も踏襲されています。

【曹洞宗】

曹洞宗の教義・道元禅師の禅を探ってみたいと思います（ただし曹洞宗の門外漢である私は不十分

な説明になるかもしれないことを、まずお断り致します）。

　インド・中国の諸祖はみな坐禅によって悟りを開きました。釈尊から伝わってきたのは真実の仏法である坐禅であり、これ以上最上のものがない。ただ只管《ひたすら》に坐禅に徹せよ（只管打坐《しかんたざ》）と道元は勧めました。ですから坐禅を手段として、煩悩を消していくような坐禅や悟りを目的とする坐禅は否定されました。

永平寺僧堂での坐禅

　ある曹洞宗の僧侶の方のお話です。その方はひたすら坐禅を続けて妄想も鎮まり、道元が安楽の法門と言ったような境地になれたそうです。しかし日常生活に戻ると心が乱れてしまう。何とかして日常でも心の乱れを鎮めようと何年も修したがどうにもならず、大きな悩みとなりました。それでも道元や師を信じて坐禅を続けました。
　あるとき、いくら修行をしても心が乱れない自分を作り出すことは本来、無理なのだと気付いた刹那、でも「思い通りに行かないどうにもならない自分」を「ちゃんと認め、受け入れる自己」があるじゃないか。この「柔軟な自己」こそ「本来の自己」であり、「仏」であるのだ。その「仏」は坐禅をしているときも、日常の真《ま》っ只中《ただなか》で生活しているときも存在している。この自己は悟っていなかろうが、悟ろうが、信じようが信じまいが、やっぱりはじめから存在していたのだ。そう悟りました。

私はこの境地を「身心脱落《しんじんだつらく》」と呼んでいいのではないかと思いました。つまり私たちの心には「何とか自分を始末つけようともがく自分」と「本来の自己」の二つが存在している。二元的な存在だといっているのです。ですから自分の思惑で生きようとする自分はなくならないわけですから、染汚《ぜんな》（汚れに染まる）されないようにすることが求められます。ひたすら坐禅を修すること、つねに坐禅のこころに身も心も任せきって綿密に修行する、「只管打坐」こそ、曹洞宗の眼目《がんもく》なのだ、と私は受けとめることができました。

つまり私たちは、「本当の自己」「仏」を自覚しようがしまいが、本来仏なのです。坐禅はまさに仏の世界そのものです。仏の真っ只中にどっしり坐る。そうすると直ちに二元的自己を超えることができる。修行と悟りがひとつになる世界を「修証一等《しゅしょういっとう》」といいます。ここに曹洞宗の禅の著しい特色があります。ですから公案を工夫するような修行はあまり重んじられません。

（藤原東演）

日蓮宗と日蓮正宗

●歴史的経緯

日蓮教団は、近代以前には「法華宗《ほっけしゅう》」と総称されていたが、その歴史にあって、依経《えきょう》とした『法華経』の品々《ほんぽん》（各章）の扱い方の違いや、他宗からの布施を受けるか否かの見解の違い、人的確執などにより、さまざまな派が形成された。明治初期に至り、一時、維新《いしん》政府の圧制によりこれらの諸派は「日蓮宗」として統合されたこともあったが、間もなく分立し、現在では宗教法人格の違う日蓮系教団はおよそ三十ほど存在する。

周知のように日蓮宗は日蓮系伝統教団のなかで最大宗派であり、また、日蓮正宗《しょうしゅう》は新宗教のなかで最大組織創価学会（平成三年十一月破門）を生んだ宗派である。従って、両宗派の日蓮系教団内における存在は大きいといえるが、両者の教義、形態には、かなりの隔《へだ》たりがある。

日蓮宗と日蓮正宗との違いを明らかにしようとするとき、まず、その歴史的経緯から見なければならない。今ある違いの端緒《たんしょ》は、日蓮聖人滅後の出来事、人的軋轢《あつれき》と後の世に発表された教義見解にあるといえるからだ。お題目を唱える教団として両者は在るが、歳月と新たな見解を積み重ねるうちに、その内容（教義的根本義）の隔たりが増していったといえる。

日蓮聖人は弘安五年（一二八二）十月十三日、六十一歳の生涯を池上《いけがみ》の地（現在の東京都大田区池上）で閉じられる。それに先立つ十月八日、入滅後の布教を託《たく》すため、六名の直弟子を指名する。いわゆる「本弟子《ほんでし》六人」あるいは「六老僧」といわれる日昭《にっしょう》・日朗《にちろう》・日興《にっこう》・日向《にこう》・日持《にちじ》・日頂《にっちょう》である。

これら六名の僧が、順送り（輪番《りんばん》）で身延山《みのぶさん》の日蓮聖人の墓所に仕えることとした。それは実現することはなかったが、六老僧のなかにあって日興は三ヵ年にわたり在山したと伝えられる。ところが、身延山を領した波木井実長《はきいさねなが》と信仰上の問題あるいは他の本弟子との人的な確執が起こり、日興は富士大石ヶ原《おおいしがはら》へと居《きょ》を移すこととなる。このことが日蓮正宗派生のルーツとなる。

一方、他の五老僧はそれぞれの地域、殊《こと》に鎌倉や下総国《しもうさのくに》（現在の千葉県）などに布教拠点を設け、師弟関係を育むなかで老僧を中心としたグループが生まれ、後に日朗門流・日昭門流・中山門流といわれる門流が形成されていく。

その後、日像《にちぞう》（一二六九～一三四二）や日親《にっしん》（一四〇七～八八）による身命を賭《と》した京都での布教展開、あるいは外へ向かっての華々しい布教ではなく元政《げんせい》（一六二三～六八）・日臨《にちりん》（一七九三～一八二三）・日輝《にちき》（一八〇〇～五九）などにみられる内省《ないせい》・観心《かんじん》を重視した活動、また、不受不施《ふじゅふせ》・受不施《じゅふせ》という対立もあったが、身延・池上・京都（妙顕寺《みょうけんじ》・本圀寺《ほんこくじ》）を核とし、さまざまな布教形態を試みながら日蓮宗は今日に至っている。

他方、大石ヶ原に在った日興は子弟教育に力を注ぎ、後に日興門流（富士門流ともいう）といわれる門流が形成される。日興の入滅の後、大石寺《たいせきじ》を日目《にちもく》（一二六〇～一三三三）が継承する。

時代が下り、大石寺の歴代のなかに、今日の日蓮正宗教学の礎《いしずえ》を築く学僧が現われる。第九世日有《にちゆう》（一四〇九～八二）、第二十六世日寛《にちかん》（一六六五～一七二六）である。日有は、末法における衆生救済《しゅじょうきゅうさい》の「本仏《ほんぶつ》」（諸仏の根本である究極の仏。一般的には『法華経』に説かれる「久遠実成《くおんじつじょう》の釈尊」を指す）は、釈尊ではなく日蓮聖人であるとする「日蓮本仏論」を提唱し、さらに日寛は『六巻抄《ろっかんしょう》』を著して、その確立を図《はか》ったのである。

池上で示寂する日蓮

時が移り行くなかで、さまざまな門流の教義見解をまとめようと努めてきた日蓮宗と、ひとつの門流のなかで教義を発展的に解釈して独自の路線を歩んできた日蓮正宗との間には、当然のことながら差異が生ずべくして生じたと見るべきであろう。

ではここで、現段階における日蓮宗と日蓮正宗の違いをあげると、およそ次のようになろう。

①本　尊

【日蓮宗】久遠《くおん》の本師《ほんし》・釈迦牟尼仏《しゃかむにぶつ》

『報恩抄《ほうおんしょう》』に示されているように、『法華経』「如来寿量品《にょらいじゅりょうほん》」に説示《せつじ》された末法《まっぽう》救済の久遠実《じつ》成《じょう》の教主釈尊を本尊としている。

【日蓮正宗】本門の戒壇《かいだん》の大曼荼羅《だいまんだら》

日蓮聖人が顕《あらわ》された曼荼羅（弘安二年〔一二七九〕十月十二日認《したた》めたとされる）を本尊としている。

②本尊の勧請《かんじょう》形態

【日蓮宗】久遠の本師釈迦牟尼仏の救いの世界を顕すため、一塔両尊《いっとうりょうそん》・一尊四士《いっそんしし》・曼荼羅などのさまざまな勧請形態がある。

【日蓮正宗】大曼荼羅を勧請する。

③三宝《さんぽう》の考え方

【日蓮宗】

仏宝＝久遠実成本師釈迦牟尼仏

法宝＝妙法蓮華経

僧宝＝日蓮聖人とその門下

【日蓮正宗】

仏宝＝日蓮大聖人

法宝＝大曼荼羅

僧宝＝日興上人

④『法華経』の扱い

『法華経』は二十八品から構成され、「序品《じょほん》」から「安楽行品《あんらくぎょうほん》」までの前半の十四章を「迹門《しゃくもん》」（主に諸法実相《しょほうじっそう》・二乗作仏《にじょうさぶつ》の教えが説かれる）、「従地涌出品《じゅうじゆじゅっぽん》」から「普賢菩薩勧発品《ふげんぼさつかんぼっぽん》」までの後半の十四章を「本門《ほんもん》」（久遠の本師釈尊の救いの世界が説かれる）という。

教主釈尊の久遠の救いが説かれる本門に重きを置くが、『法華経』の品々《ほんぽん》の優劣というのではなく全体を俯瞰《ふかん》しなければならないという一致派《いっちは》の見解と、迹門より本門に重きを置くべきであるという勝劣派《しょうれつは》の見解との違いがある。

【日蓮宗】　迹門・本門一致の立場をとる。

【日蓮正宗】　迹門を劣、本門を勝とする立場をとる。

団扇太鼓を用いた唱題

⑤ 読　経

お題目を唱えることを正行《しょうぎょう》とすることに変わりないが、助行《じょぎょう》として『法華経』を読む場合は、

【日蓮宗】『法華経』二十八品（略した要品、檀信徒は「方便品《ほうべんぼん》」「如来寿量品自我偈《じがげ》」を読むことが多い）

【日蓮正宗】「方便品」（第二章）と「如来寿量品」（第十六章）

⑥ お題目の唱え方

【日蓮宗】さまざまな唱え方がある。例えば、一息一唱題《いっそくいっしょうだい》（一回呼吸する間に一唱題する）。「ドンツク　ドンドン」という信者太鼓と呼ばれるリズムに合わせて唱えたり、唱題行脚《あんぎゃ》のときには団《うち》扇《わ》太鼓を一定間隔（六拍子で打つ）に合わせて唱える。また、唱題行のときは緩調《かんちょう》・急調《きゅうちょう》という木鉦《もくしょう》・太鼓の速さに合わせて唱える。

【日蓮正宗】「なんみょ（や）うほうれんげきょう」と、ゆっくり唱えることが多い。

⑦ 日蓮聖人の呼称

【日蓮宗】「日蓮大菩薩《だいぼさつ》」「日蓮大聖人」「日蓮聖人」

【日蓮正宗】「ご本仏」「日蓮大聖人」

⑧教団の組織

（※寺院数・教師数・檀信徒数は平成十九年度『宗教年鑑』による）

【日蓮宗】（寺院数五一八二　教師数八二二〇　檀信徒数約三八五万人）本末制度解体後、本山を中心としたピラミッド型的な組織ではなく、いわば協同組合的組織である。宗務総長を行政のトップとし、宗務院・宗議会・審査会という三権分立で組織されている。全国には十一教区七十四管区の地方行政区、海外には北米・ハワイ・南米開教区などがあり、管区の長である宗務所長、開教区長がそれぞれの地方行政、開教区行政を掌《つかさど》っている。

【日蓮正宗】（寺院数七〇八　教師数八一一　檀信徒数約四〇万人）中央集権型の組織で、住職の選定・罷免《ひめん》など管長（法主《ほっす》）が絶対的権限を持っている。また、住職には大石寺参詣のノルマが課せられることもある。

⑨袈裟《けさ》・法衣《ほうえ》

【日蓮宗】大僧正《だいそうじょう》より准《じゅん》講師に至る十二階級の僧階《そうかい》により違う。ちなみに、大僧正は緋紋白《ひもんぱく》の袈裟に深紫色（緋）の法衣、僧都《そうず》は茶金の袈裟に白色の法衣、准講師は紫金の袈裟《けさ》に水色の法衣となっている。

【日蓮正宗】大僧正より権訓導《ごんくんどう》に至る十三階級の僧階があるが、総じて（大僧正より権僧正までは袈裟に紋を入れることも可）袈裟は白色、法衣は薄墨色となっている。

⑩ 教師資格の取得方法

【日蓮宗】清澄寺《せいちょうじ》で度牒《どちょう》を受けた後、僧道林《そうどうりん》・読経試験を経て、立正大学・身延山大学で僧階単位を修得し（検定試験も可）、身延山で三十五日間の信行道場《しんぎょうどうじょう》を修了する。

【日蓮正宗】得度《とくど》した後、総本山（大石寺）で一年以上在勤修行する（二十歳未満、得度後七年を経ない者は不可、学歴によって僧階が違う）。

⑪ 檀信徒組織

【日蓮宗】かつて江戸期には題目講・鬼子母神《きしもじん》講・妙見《みょうけん》講などがあり、明治期には妙法《みょうほう》講・清《しょう》浄結社《じょうけっしゃ》という組織が存在した。現在、各寺々には護持会《ごじかい》、全国規模では檀信徒協議会が組織されている。また、お会《え》式《しき》万灯《まんどう》練《ね》りの万灯講という組織が、東京都・神奈川県を中心にある。

【日蓮正宗】古くから講組織は存在したが、昭和三十七年に唱題行や総本山登詣を行う「法華講」が組織され、活発な活動を展開している。管長が「組織結成許可書」を交付して認可する。

――以上のような違いと特徴が見られる。

（浜島典彦）

コラム

称える言葉の違い

ぼくはお寺の住職をしていますが、檀家さんから次の質問をよく受けます。

「臨済宗は何と称え《とな》（唱え）るのですか？」

そこで、「特にありません」と答えると、檀家さんは必ず目が点になります。檀家さんに限らず、多くの方は称える言葉によって宗派を聞き分けることができると思っているのかもしれません。しかし、称える言葉の違いによって日本の各宗派を分類することは本尊と同様にかなり難しいことです。

●『般若心経』と不動真言では不明

テレビドラマに登場するお経の八〇％以上は『般《はん》若心経《にゃしんぎょう》』です。しかし、「観自在菩薩《かんじざいぼさつ》…」と読む宗派は天台宗、真言宗、禅宗系（臨済宗・曹洞宗・黄《おう》檗宗《ばく》）です。『般若心経』だけでは区別ができません。

次によく聞くのが不動真言です。山伏《やまぶし》や祈祷する僧侶が、

「ノウマクサンマンダーバーザラダンセンダーマーカロシャダソワタヤウンタラターカンマン」

と称えています。

これは密教の真言ですので天台宗、真言宗が称えます。場合によっては禅宗系でも称えることもあります。

●大師号で分かる宗派

では、天台宗と真言宗はまったく区別ができないのかというと、各宗派独自で読まれる短い言葉もあります。

天台宗は「南無宗祖根本伝教《でんぎょう》大師《だいし》福聚金剛《ふくじゅこんごう》」です。天台宗を開いた最澄（伝教大師）の大師宝号《ほうごう》です。宗祖の名前ですから、天台宗しか称えません。

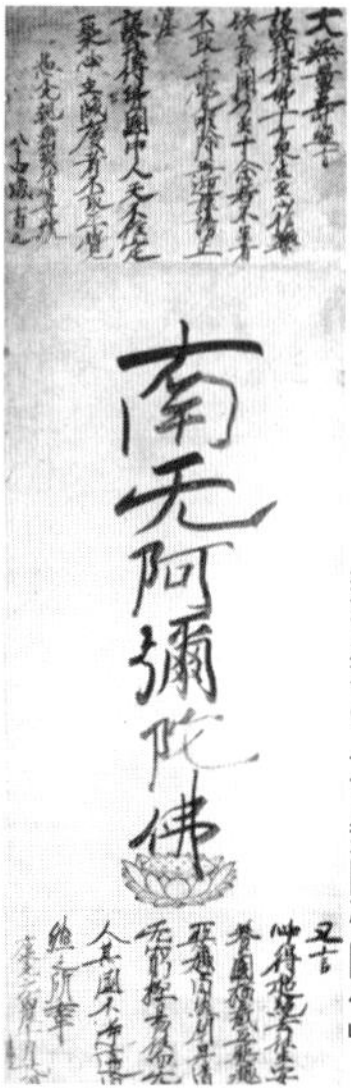

親鸞筆の「南無阿弥陀仏」

真言宗も同様に空海（弘法大師）に帰依するという言葉に「南無大師遍照金剛《へんじょうこんごう》」があります。

●「南無阿弥陀仏」は浄土系

「南無阿弥陀仏《なむあみだぶつ》」と称えるのは浄土系の宗派です。ただし、浄土系の宗派には良忍《りょうにん》の融通念仏宗、法然の浄土宗、親鸞の浄土真宗の各派、一遍の時宗があり、「南無阿弥陀仏」だけでこれらの宗派を聞き分けることはできません。しかし、「南無阿弥陀仏」と称えることに関しては各宗祖ごと教えに相違があります。

また、浄土真宗本願寺派では「南无阿弥陀仏《なもあみだぶつ》」と称えます。この称え方は唯一、聞き分けができるといえます。

●天台宗、禅宗系の「南無阿弥陀仏」

「南無阿弥陀仏」といえば浄土系ですが、天台宗でも称えることもあります。また、禅宗系のなかで黄檗宗は禅と浄土思想の融合を目指す宗派であるため、「南無阿弥陀仏」と称えます。ただし、唐音《とうおん》で「ナムオミトフ」と発音します。それから、臨済宗の葬儀のなかで僧侶が「ナムオミトフ」と称えることもあります。

●禅宗系は「南無釈迦牟尼仏」

冒頭で触れましたが、教義上、禅宗には称える言葉はありません。禅宗は坐禅によって自分自身のなかにある仏に目覚める宗派ですから、特定の仏や経典を定めていないためです。

しかし、基本的には本尊が釈迦如来であるため、檀家さん向けには「南無釈迦牟尼仏」と称えます。

「南無」は「帰依する」、「釈迦」は「お釈迦さま」、「牟尼」は「釈迦一族の聖者」、「仏」は「悟りを開いた方」の意味です。

●「南無妙法蓮華経」は日蓮系

「南無《なむ》妙法《みょうほう》蓮《れん》華《げ》経《きょう》」と題目を唱えるのは日蓮系の宗派のみです。日蓮が「お釈迦さまの教えは『法華経』であり、その功徳のすべてが「南無妙法蓮華経」の七文字に込められている」と説いたことに由来しています。

「南無妙法蓮華経」と題目を唱える日蓮系の宗派には日蓮宗、法華宗、日蓮正宗などがあります。

●「南無＋本尊名」

各寺院の本尊の名前を称える場合は「南無＋《たす》本尊名」となります。

法相宗《ほっそうしゅう》の本山、薬師寺は「南無薬師瑠璃光《やくしるりこう》如来」、興福寺は「南無釈迦牟尼仏」。華厳宗《けごんしゅう》の東大寺は「南無華厳教主《けごんきょうしゅ》毘盧舎那《びるしゃな》仏」。鑑真和上で有名な唐招提寺（律宗《りっしゅう》）は『梵網経《ぼんもうきょう》』の中心仏「南無華厳教主毘盧舎那仏」となります。

また、天台宗や禅宗系の寺院で、例えば本尊が観音菩薩の場合「南無観世音《かんぜおん》菩薩」、地蔵菩薩の場合「南無地蔵菩薩」と称えることもあります。ただし真言宗では本尊の真言を称えることが多く、例えば大日如来が本尊ならその真言「アビラウンケン」を称えます。

（村越英裕）

第二部

日本仏教ー お寺と宗派の見分け方

比叡山延暦寺・根本中堂（天台宗）

お寺の建物

天台宗

●特徴的な建物

天台宗の特徴的な建物の代表として、比叡山《ひえいざん》の根本中堂《こんぽんちゅうどう》をご紹介します。現在のお堂は寛永《かんえい》十九年（一六四二）に竣工したものです。廻廊《かいろう》つきの大きく荘厳なお堂ですが、その内部に大きな特徴があります。

内部は大きく分けると三つに区切ることができます。先ず皆様にお参りしていただく礼堂《らいどう》、そして仏様が安置してある正堂《しょうどう》があります。この礼堂と正堂は同じ高さに作られています。そして、この礼堂と正堂の間に、僧侶がお勤めをする場所が一段低く設けてあり、礼堂と正堂をへだてています。

お参りをしていただく目線と同じ高さに仏様がいらっしゃり、本尊の薬師如来の前には「不滅の法灯《ほうとう》」がともされている。なんとも独自で荘厳な雰囲気を感じていただけることでしょう。この様式のお堂は他にも、比叡山の釈迦堂、東京・寛永寺《かんえいじ》の根本中堂等があります。

●朱色のお堂

比叡山の他のお堂を見て気付くのは、主要なお堂が朱に塗られていることが多いということです。根本中堂をはじめ釈迦堂、大講堂《だいこうどう》、横川中堂《よかわちゅうどう》など実に朱に塗られたお堂が多いのです。鎌倉などを散策してお寺にお参りすると、あまり朱に塗られたお堂にお参りすることは少ないように思います。やはり平安貴族と結びついた天台宗と、鎌倉の武士社会と結びついた宗派の気風の違いも反映しているのでしょうか。

素朴な違いですし、歴史的に深い意味が現在の形に必ずしも反映されていませんが、そんなことも感じながらお参りしていただけると、より興味深いお参りができるのかもしれません。

●多様なお堂と荘厳《しょうごん》

横川中堂（比叡山）

一般的な天台のお堂も多種多様であるということがいえます。天台宗は『法華経《ほけきょう》』が中心ですが、密教の儀式もする。坐禅もしますし問答もあるということで、お堂の形、特徴はご本尊様、儀式の種類、修行の形態によって違うのです。

また堂内の荘厳によって、そのお堂の雰囲気をがらりと変えることができるのも、天台のお堂の特徴ではないかと思います。

（山田俊尚）

真言宗

真言宗の堂宇《どうう》

真言宗の堂宇は、本山と地域寺院との規模の違いや、平地か山岳かといった地形の問題、あるいは建立された時代の流行に左右されるので、伽藍《がらん》配置や建築様式に一定の特色がありません。

では、堂宇の名称がいかにも密教的（例えば灌頂《かんじょう》堂・護摩《ごま》堂）ならばそうかというと、今度は密教を取り入れている天台宗などとの区別がつきません。ゆえに、堂宇の外見や、名称のみから真言宗と判断するのは困難です。ただし堂内の特色として、密教の隆盛と共に必要となった本尊前の修法壇《しゅほうだん》や、曼荼羅《まんだら》設置のための空間があることなどの点があげられます。

ここでは以下に、名称と堂内荘厳《しょうごん》を合わせれば、真言宗と特定できる堂宇を、二例ほど紹介いたします。

御影堂《みえどう》

真言宗では、宗祖である空海の画像、あるいは彫像をおまつりしている堂宇を御影堂といいます。空海像は右手に五鈷杵《ごこしょ》、左手に念珠《ねんじゅ》を持つ様式で表現されることが多いようです。

教義上、空海は仏菩薩と同等の礼拝対象となるため、御影堂は単なる祖師堂ではなく、修法するための壇を備えていることがほとんどです。僧侶が日々空海像の御前で法要《ほうよう》を営むのは当然ですが、それ以上に、弘法大師信仰のよりどころとして、人々のお参りと線香の煙が絶えません。

● 多宝塔《たほうとう》（大塔）

多宝塔はその名称の通り、本来『法華経』「見宝塔品《けんほうとうぼん》」における、地中から涌出《ゆじゅつ》した塔に多宝《たほう》如来と釈迦如来が二仏並坐《にぶつびょうざ》した経説にもとづく塔でした。しかし空海は、大日《だいにち》如来の三昧耶形《さんまやぎょう》（象徴）が塔とされることや、南インドにある鉄塔（南天鉄塔《なんてんてっとう》）のなかで、龍猛《りゅうみょう》菩薩（密教第三祖）が金剛薩埵《こんごうさった》（同第二祖）から『大日経《だいにちきょう》』『金剛頂経《こんごうちょうきょう》』を相承《そうじょう》したという故事にもとづき、高野山の根本大塔内に密教の五如来をおまつりする構想をたてました。

大塔（根来寺）

以来真言宗では、それに則《のっと》った様式が一つの特色となり、西日本を中心として遺例が分布しています。まれに天台宗でも見られますが、それらは上述の『法華経』の要素に密教の要素を加味《かみ》した荘厳になっているようです。

なお多宝塔がない普通の真言宗寺院においても、本尊前にある大壇の中央に、よく小型の宝塔が見られます。これも大型の塔と同様に、大日如来の象徴として機能しているのです。（**山口史恭**）

浄土宗

御影堂《みえどう》と阿弥陀堂が中心

浄土宗の宗祖法然上人《ほうねんしょうにん》は建暦《けんりゃく》二年（一二一二）、京都東山大谷《おおたに》の草庵で没した。そこに御影《みえい》（像）を安置した墓堂が建てられた。浄土宗の建物のはじまりである。法然は生涯、整った寺院を建《こん》立《りゅう》することはなかった。廟《びょう》を築いた土地に、専修念仏《せんじゅねんぶつ》の信者が集い寺院となって、やがて全国に広まっていった。

弟子源智《げんち》は文暦《ぶんりゃく》元年（一二三四）その東山の地に仏殿《ぶつでん》を建て、知恩教院大谷寺《おおたにじ》（知恩院《ちおんいん》）と号した。知恩院は数度の火災に遭いながらも、室町時代にかけて次第に伽藍を整えていった。宗祖の御影をまつる御影堂と、宗義の本尊である阿弥陀仏の阿弥陀堂がその中心である。祖師の御影を安置する堂宇《どうう》を特に重視するのは、天台、真言や禅宗の諸派では見られない特徴の一つである。

三つの建築様式

近世に入り、伽藍が整えられて行くにつれ、特徴的な幾つかの様式に収斂《しゅうれん》していった。京都の本山系の寺院に多いのは、巨大な御影堂を本堂として、その前方脇、参道に向けて、阿弥陀堂を配置するものである。知恩院をはじめ、金戒光明寺《こんかいこうみょうじ》、百万遍知恩寺《ひゃくまんべんちおんじ》、清浄華院《しょうじょうけいん》ほか、西山《せいざん》浄土宗総本山の粟生光明寺《あおこうみょうじ》などがそれにあたる。阿弥陀堂は阿弥陀仏が西方浄土から来迎《らいこう》する教えに従って東向きに配置されたり、逆に西方浄土に向けて西向きに建てられることが多い。

二番目に、阿弥陀堂を正面に置き、御影堂を中心線に向けて配置した様式がある。弟子の湛空《たんくう》が建てた二尊院《にそんいん》や、西山派の本山禅林寺《ぜんりんじ》などがこれに当たる。

最後に最も一般的な様式が、御影堂を建てず、阿弥陀仏をまつる本堂を中心として発展した寺院である。江戸の増上寺《ぞうじょうじ》、三河の大樹寺《だいじゅじ》、尾張の建中寺《けんちゅうじ》、長野の善光寺《ぜんこうじ》など枚挙にいとまがない。三つの様式への発展は、宗祖法然上人への距離感（時間的、空間的）がそうさせたともいわれる。本堂の様式は、知恩院勢至堂《せいしどう》の形式を踏襲し、和様、禅宗様の折衷《せっちゅう》が多いが、多数の信者の参詣に耐えられるよう内外陣《ないげじん》とも畳敷きとするのが近世以降主流となった。

他に浄土宗の特徴となる建物は山門《さんもん》（三門）である。普通は二層となり、上層には釈迦如来や十六羅漢などを配する。知恩院、増上寺、岡崎大樹寺などが著名で、徳川家ゆかりの大寺院に文化財級の山門が多い。

（川副春海）

三門（善導寺）

浄土真宗

成り立ち

建物について述べる前に、真宗寺院の成り立ちについて少し触れておきたい。

まず思い当たる点は、祖師聖人《そししょうにん》（親鸞《しんらん》）自らは寺を建てられなかったという点である。歴史の古い寺院の場合、由来は大きく三つに分けることができる。

第一に、当初より教えを聴聞《ちょうもん》し、仏徳をたたえる場として建てられた道場を起源とする寺院である。老若男女が集うにあたっての便宜が優先され、集落の中心部に建てられていることが多い。真宗寺院としては最も本源的な寺院といえよう。

第二に、かつては他宗の寺院やお堂であったものが、後に真宗に転向した寺院である。近江や北陸地方の古刹《こさつ》を調べてみると、かつては他の宗派であったというケースの多いことに驚かされる。

第三は、祖師の廟堂《びょうどう》を起源とする寺院である。東西の本願寺がその流れで、祖師の像を安置する御《ご》影堂《えいどう》が特徴的である（本堂の阿弥陀堂よりも御影堂の方が大きく目立つのは、その起源に由来する）。また、これら本山の出先機関的な意味合いで各地に拠点として建てられた寺院も、同じ系統として、おさめてよいと思う。

以上の三者が、互いに影響し合い、時代の変遷とともに融合しながら、今日に至る大勢が形づくられたといえよう。

●特徴は

建物の特徴であるが、第一の寺院の場合、集落の中心部に建てられているという点が、建物の特徴とも密接に関わっている。ヨーロッパの田舎の風景、教会を中心に、民家が寄り添うようにして一つの集落を形成している、あの風景にも通じる面があると思うが、急勾配《きゅうこうばい》の大屋根《おおやね》は、村の周辺のどこからでも目につき、例えば、他の村からはじめて参詣《さんけい》する人でも、道に迷うことはまずない。また寺院に付きものの土塀《どべい》や山門《さんもん》は、総じて簡素であり、それを持たない寺院もある。

外陣が広く取られた本堂内部

建物そのものに関しては、聞法《もんぼう》の道場としての機能を重視している点が共通の特徴といえよう。相対的に床が高く設《しつら》えてあるが、開放的な造りと相まって夏の猛暑を和らげる効果がある。大きく張り出した急勾配の屋根は、積雪対策でもあり、夏の日差しや雨風への対策でもある。また、内陣《ないじん》にくらべて外陣《げじん》が広く取ってある点は、聞法のための寺であることの何よりの証《あかし》といえる。

（瓜生津隆文）

臨済宗

禅の教えを表現

臨済宗の本山、あるいはそれに準ずる寺院の多くは七堂伽藍《しちどうがらん》と呼ばれる建物によって構成されています。これは中国宋《そう》代の伽藍配置が基本になっています。山門・仏殿《ぶつでん》・法堂《はっとう》が南から一線上に並んで、僧堂《そうどう》と庫裡《くり》が仏殿の東西、浴司《よくす》（浴室）と東司《とうす》（トイレ）が山門の両側に配置されています。これは臨済宗と曹洞宗でほぼ共通しています。

この禅宗の七堂伽藍で特徴的なことは、伽藍そのものが禅の修行道場であり、同時に禅の教えを表現していることにあります。

山門《さんもん》は三門ともいい、三つ門があったため、三門とする説もありますが、一つでも三門といいます。三門は「空門《くうもん》」「無相門《むそうもん》」「無作門《むさもん》」の三つの解脱門《げだつもん》を象徴しています。それぞれ、「仏は己のなかにある」「教えの本質に実体はない」「仏心そのままに生きる」という禅僧の目指すべき姿を意味しています。

修行僧は僧堂で寝起きをし、坐禅をします。朝の勤行や法要、諸儀式などは仏殿（本堂）で営みます。修行僧を指導する老師の提唱《ていしょう》（法話）は法堂でなされます。ちなみに禅が登場するまでの寺院建築では本尊となる仏像を安置する金堂《こんどう》（本堂）を最重視してきましたが、禅宗の寺では、法堂も仏殿同様に大切にします。法（教え）は人の心から心へと伝授されるからです。

庫裡は修行僧の生活面を補佐する役目を持っています。例えば典座《てんぞ》といって台所の係がありま す。ただし、典座はただ単に食事を提供するのではなく、食事をつくるという禅の修行の一つになっています。

枯山水の庭（東福寺）

●それぞれの修行の場

山門の左右にある東司と浴司が七堂伽藍になっていることは他宗派にみられない禅宗ならではの形式です。これは行住坐臥《ぎょうじゅうざが》（生きていく上で行なうすべての動作）が修行であるという禅の教えを端的に表現しています。トイレも浴室も修行の場なのです。それぞれ、使用するのにあたっては作法があり、掃除をすることも心の修行になっています。また、石や砂で自然界、禅の境地を表現した枯山水《かれさんすい》の庭は禅宗独特のものです。

なお、坐禅の向きの相違から曹洞宗の坐禅堂内部は壁に向かう坐禅、臨済宗は壁に背を向け、修行僧同士が向かい合う構造になっています。

（村越英裕）

曹洞宗

基本は七堂伽藍《しちどうがらん》

理想的な伽藍配置は、七堂伽藍とされます。中央に仏殿《ぶつでん》、前に山門、後ろに法堂《はっとう》の順に一直線に並び、右の奥に庫院《くいん》、山門の右に浴室、左の奥に僧堂、山門の左に東司《とうす》（トイレ）が配置され、人体を模しているともいわれます。

大本山永平寺の代表的な伽藍は七堂伽藍の配置になっています。また大本山總持寺《そうじじ》の大祖堂《だいそどう》といわれる、法堂にあたる堂舎は、間口五四・五メートル、奥行四七・二メートル、床面積六六一一平方メートルという、巨大な建物です。

七堂伽藍を構成する建物

七堂伽藍について、詳しく見ていきましょう。

①山門はお寺の出入口の門で、楼門《ろうもん》や二重門等、さまざまな形があります。

②仏殿は釈尊を中心とした三尊仏がまつられています。

③法堂は住持《じゅうじ》が僧たちに説法する建物で、朝昼晩の勤行《ごんぎょう》（仏殿の場合もある）、各種法要が行われます。

④庫院は僧や参籠者《さんろうしゃ》の食事を調理する所です。

⑤僧堂は、主に坐禅、行鉢《ぎょうはつ》（食事）、行茶《ぎょうちゃ》（喫茶）、打睡《たすい》（睡眠）をする道場です。土間造りで、中央に安置した聖僧《しょうそう》像の四方に長連牀《ちょうれんじょう》（高さ約五十センチ、奥行畳一枚分で、横並びに畳を敷き詰めた所）があります。僧が坐禅する畳一枚分を単《たん》といい、単の奥の壁面に、寝具等を収納する函櫃《かんき》という戸棚がついています。単の前方は牀縁《じょうえん》という、幅二十五センチ位の角材で縁取られており、行鉢（食事）のときに応量器《おうりょうき》を並べます。牀縁は足で踏んではならない所とされます。僧堂の後ろには後架《ごか》という洗面所があり、洗面も大切な修行とされます。

永平寺伽藍配置図

大本山をはじめとする修行道場を除く、一般的な寺院では、仏殿と法堂を兼ねた本堂や、庫裡《くり》が主な建物としてあります。庫裡は本堂に隣接した建物で、方丈の間（居室）、書院（接賓《せっぴん》）、飯台座、東司、浴室等があります。

このほか、坐禅堂、開山堂、位牌堂、鎮守堂、鐘楼《しょうろう》、水屋など、境内にはさまざまな施設が併設されていることがあります。

（横井教章）

日蓮宗

日蓮宗のお寺では、本堂のほかに、祖師《そし》堂・鬼子母神《きしもじん》堂・三十番神《さんじゅうばんじん》堂・妙見《みょうけん》堂・七面《しちめん》堂・清《せい》正公《しょうこう》堂などの建物を見ることができます。これらのお堂が存在する理由について考えてみますと、宗祖の遺徳《いとく》を偲《しの》ぶ、『法華経』信仰者の加護を願う、といったことがあげられるでしょう。

●祖師堂

日蓮宗の開祖である日蓮聖人《しょうにん》をおまつりし、その遺徳を偲ぶためのお堂です。有名なものとして、石川県羽咋《はくい》郡滝谷妙成寺《たきだにみょうじょうじ》（国指定重要文化財）や東京都杉並区妙法寺（「厄除《やくよ》けの祖師」都重宝）があげられます。

●鬼子母神堂

鬼子母神はもともとは幼児を食い殺す鬼《おに》でしたが、お釈迦さまに教化され仏教を守護する善神《ぜんじん》となりました。『法華経』には「鬼子母神は『法華経』を受持《じゅじ》する者を擁護する」とあり、日蓮宗の祈祷《きとう》において中心的本尊として重んじられています。中山法華経寺、雑司ヶ谷《ぞうしがや》法明寺《ほうみょうじ》などの鬼子母神堂が有名です。また法華宗本門流《ほんもんりゅう》の寺院である入谷《いりや》真源寺は「恐れ入りやの鬼子母神」として知られています。

● 三十番神堂

三十番神は、一ヶ月三十日間、毎日輪番《りんばん》で国家と人々を護る神々のことです。伝教《でんぎょう》大師が比叡山で勧請《かんじょう》したことにはじまり、日蓮宗では日像上人《にちぞうしょうにん》が京都布教の際それを取り入れたといわれています。日蓮宗の寺の過去帳《かこちょう》にも記載され、日々の守り神として尊ばれてきました。名古屋の定徳寺《じょうとくじ》、島原の護国寺、柏崎の妙行寺が日蓮宗の「三大番神」といわれています。

祖師堂（堀之内妙法寺）

● 妙見堂

北斗七星を神格化した神である妙見菩薩をおまつりするお堂です。江戸時代には本所柳島法性寺《ほんじょやなぎしまほっしょうじ》の妙見堂が信仰を集め、このほか、京都今出川の立本寺《りゅうほんじ》、能勢妙見山《のせみょうけんさん》（真如寺《しんにょじ》）などが有名です。

● 七面堂

身延山《みのぶさん》の鬼門に位置する七面山に住むとされる七面天女をおまつりしています。七面天女は身延山の守護神とされていましたが、久遠寺が日蓮宗の総本山として確立してから、『法華経』の守護神としてその信仰が全国に波及しました。本社の七面山敬慎院《けいしんいん》や谷中瑞輪寺《やなかずいりんじ》が有名です。

（浜島典彦）

本尊・仏像・図像

天台宗

多様な本尊

天台宗の寺院でおまつりする本尊は、釈迦如来、阿弥陀如来、薬師如来、大日《だいにち》如来、観音菩薩、不動明王《ふどうみょうおう》、等々と多種多様です。

これは天台宗が『法華経《ほけきょう》』を中心にさまざまな教えを内包していることによります。『法華経』の「如来寿量品第十六《にょらいじゅりょうほん》」で「久遠実成《くおんじつじょう》の釈迦」が説かれていますが、これは、インド・ブッダガヤの菩提樹の下で悟りを開かれ、肉体を持った釈迦はじつは仮の姿で、遠い昔にすでに悟り、それ以来限りのない時の間、人々を教化し続けてきた釈迦の本体が「久遠実成の釈迦」であると説くのです。

釈迦の本体は肉体ではなく、法そのものであるということであり、この法が衆生《しゅじょう》教化のために姿を変え、それぞれの時代に合った形の仏として現れたのだと解釈するのです。ですので、天台宗のご本尊さまは「釈迦を中心とした『法華経』の思想をもとに」多種多様なのです。

●本尊以外の仏さま

本尊さま以外にももちろん多くの仏さまをおまつりします。例えば釈迦三尊、阿弥陀三尊、薬師三尊といいますと、如来を中心に二菩薩を加えておまつりしますし、他にも十三仏という信仰もあります。密教の道場では不動明王や大日如来をおまつりすることも多く、さまざまな仏をおまつりしています。

釈迦如来と二祖師像（比叡山・大乗戒壇院）

●真実はひとつ

お釈迦さまは相手により教え方をたくみに変え、その人にあった教えを授けたそうです。八万四千の法門《ほうもん》といわれています。

しかし、伝えたい真実はひとつ「あらゆる人は修行を続ければいつか必ず仏になれる」ということです。ですから、そのことを皆さんが一番自分に合った形で気付かせてくれる仏様を、ご自身のご本尊、念持仏《ねんじぶつ》として拝んでみるのもよろしいかと思います。

（山田俊尚）

真言宗

本尊は

時折「真言宗のご本尊は何ですか？」と尋ねられることがあります。その背景には、特定の宗派には特定の本尊が定められているという、鎌倉新仏教諸宗の成立以降に顕著となる発想があると思われます。さらに現代では、仏壇の本尊を選択しやすいように、尊名を決定しておいたほうがわかりやすい、という都合もあるようです。

一般的に、真言宗の本尊は摩訶毘盧遮那《まかびるしゃな》如来（意訳して「大日《だいにち》如来」）です。それは大日如来が曼《まん》荼羅《だら》の中央に坐し、全ての尊の徳を包摂《ほうせつ》する「真理そのもの」だからです。如来でありながら菩薩の装飾を身にまとうのは、菩薩の慈悲をも包摂していることを表しています。つまり多数のなかの一代表ではなく、多数のほとけの総体が大日如来なのです。

その他の仏像

曼荼羅の各部門には、大日如来の他にもあらゆるほとけが描かれています。この、如来・菩薩・明王《みょうおう》・天部《てんぶ》・その他のあらゆるほとけは、修法《しゅほう》の目的にそって選ばれ、そのつど本尊として拝まれます。このように、あらゆるほとけが本尊になりうる真言宗では、仏像も極めて多種多様になります。その好例が東寺講堂の仏像群で、如来・菩薩・明王・天部が、それぞれの属性と役割に従って、整然とおまつりされています。

●曼荼羅

多種多様のほとけが描かれている曼荼羅は、僧侶による修法の対象として、また人々が見て仏教に結縁《けちえん》するための勝《すぐ》れた舞台装置となります。代表的な様式は金剛界《こんごうかい》曼荼羅と胎蔵《たいぞう》曼荼羅で、東寺の伝真言院《でんしんごんいん》曼荼羅、神護寺《じんごじ》の高雄《たかお》曼荼羅などの遺例が、古い形態を残しているといわれます。他にも修法の目的ごとに特化して、さまざまな別尊《べっそん》曼荼羅が作成されてきました。

なお金剛界曼荼羅が九会《くえ》（九つのブロック）様式だと真言宗、一会の八十一尊様式であれば天台宗、と一応判断できます。これは両宗を見分ける際、一つの指標になるでしょう。（**山口史恭**）

金剛界九会曼荼羅

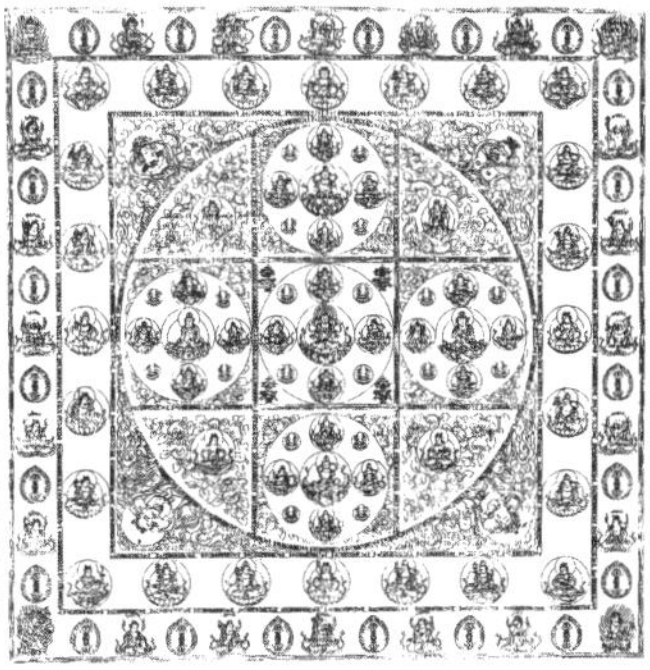
金剛界八十一尊曼荼羅

浄土宗

●舟形光背の阿弥陀像が多い

浄土宗のお寺の山門をくぐってみよう。石畳の参道の正面に、本堂が見える。向拝《ごはい》と呼ばれるひさしが迎えてくれる。石段を上って本堂に入る。浄土宗でも、歴史的な由来から、釈迦如来（嵯峨清涼寺《せいりょうじ》など）、地蔵菩薩（西院高山寺《さいいんこうざんじ》など）もあるが、歴史的に阿弥陀堂として発展した経緯もあり、本尊は阿弥陀如来が大半である。

阿弥陀仏の背後には、光背と呼ばれる光明《こうみょう》を模した火焔が光を放つ。古くは、頭部の後ろに円形の光を模す円光背《えんこうはい》、放射状の放射光背などがあり、浄土宗では全身から光を放ち、その形が船に似ていることから舟形光背と呼ばれる形式が多い。

脇侍《わきじ》は、観音菩薩、勢至《せいし》菩薩である。両脇壇に中国唐代に浄土教を大成した高祖・善導《ぜんどう》大師と法然上人を向かって右、左にまつる。

阿弥陀信仰は、大乗仏教の歴史とともにあるといっても過言ではない。インド・マトゥーラ地方で紀元二世紀に造立《ぞうりゅう》されて以来、あまたの阿弥陀（アミターバ）仏の仏像が出現した。中央アジア、中国では六世紀に最初の図像（仏像）が請来《しょうらい》され、敦煌《とんこう》壁画でもよく知られる。日本でも飛鳥時代から造像されはじめ、浄土宗寺院では、宇治平等院鳳凰堂の作例が有名なものの一つである。

●異形《いぎょう》の阿弥陀像

平安・鎌倉期には、通例とは異なる異形の阿弥陀仏が流行し、現存する作例も多い。念仏修行の一つである常行三昧《じょうぎょうざんまい》の本尊として冠をおつけになった「宝冠《ほうかん》の弥陀」や、阿弥陀経にある五《ご》劫《こう》（非常に長い間）の思惟《しゆい》を象徴し、螺髪《らほつ》が巨大になった「五劫思惟《ごこうしゆい》阿弥陀像」、往生人《おうじょうにん》を見守りつつ浄土に還帰《げんき》する姿を描く「見返りの弥陀」などがあり、各地で信仰を集める。見返りの弥陀は西山《せいざん》禅林寺派の総本山禅林寺の本尊が名高い。

●弥陀来迎図《みだらいこうず》

図像は、極楽の相を描く浄土変相図、浄土曼荼羅、西方極楽浄土に迎える来迎図などとして発展した。日本人の宗教観に親和した「山越《やまご》えの弥陀」も名高い。阿弥陀如来と菩薩が山の彼方から半身を現わし念仏者を来迎引接《らいこういんじょう》する姿を表したもので、金戒光明寺《こんかいこうみょうじ》、禅林寺、岡崎大樹寺などの優品が今も信仰を集める。**（川副春海）**

阿弥陀三尊（善導寺）

●浄土真宗

●本尊は

真宗寺院の本尊は、ほとんどの場合、阿弥陀如来の尊像であり、しかも木像が主流である。かつては、木像は一部の寺院に限られ、絵像《えぞう》の本尊が圧倒的に多かった。宗祖親鸞聖人《しんらんしょうにん》ご自身は、本尊について特に言及していないし、形像《ぎょうぞう》の本尊を授けられた形跡もない。本尊としては、御自筆の名号《みょうごう》が数幅、残っているのみである。

しかし、このことをもって、真宗の本尊は名号に限ると考えるのは早計である。聖人とゆかりのある形像を、本尊として今日に伝えている寺院が現にあるし、歴史的にも、形像本尊と名号本尊とが古くから共存してきた。

蓮如上人《れんにょしょうにん》は、各地に爆発的に増えてゆく道場に対応して、日々名号を書き続けられたという。その一方で、各地の拠点となる道場や寺院には、絵像の本尊を授けられた。いずれの場合も、真宗の本尊は、方便法身《ほうべんほっしん》と呼ばれる。

中国浄土教の祖、曇鸞大師《どんらんだいし》によれば、あらゆる仏・菩薩が法性《ほっしょう》法身《ほっしん》と方便法身をそなえているという。悟りの特性（あるいは悟りそのもの）を法性法身と呼ぶのに対して、方便法身とは、悟りにもとづく活動相のことである。両者は一体であって、分けることができないと説かれている。

阿弥陀仏の衆生《しゅじょう》救済の活動相を表したものが真宗の本尊ということになるが、例えば「後《ご》光《こう》」と呼ばれる四十八本の光明は、衆生をおさめ取って捨てない如来の限りないはたらきを表し、また我々に菩薩の智慧を授けて下さるという恵みをも表す。四十八という数は、その根源にある四十八願《しじゅうはちがん》にもとづいている。

また、座像ではなく立像であるのは、衆生の呼びかけ、はたらきかけを待つまでもなく、仏の側から動き出して、今現に救いの活動を、休むことなく続けていて下さるという、大慈悲を表している。

絵像本尊（安土桃山時代）

名号本尊（室町時代）

●脇壇《わきだん》の図像

内陣の左右の脇壇《わきだん》に掛ける図像は、寺院によって若干の違いがあるが、右の脇壇は祖師の図像である場合がほとんどで、左の脇壇は、各派の中興《ちゅうこう》の祖、ないしは前住《ぜんじゅう》の門主であることが多い。これは法の相承《そうじょう》を表すことが眼目《がんもく》だからである。

（瓜生津隆文）

臨済宗

本尊と祖師像

本尊は基本的には釈迦如来です。坐禅をして悟りを開いたお釈迦さまが本尊であり、禅の教えの根本を表現しています。ただし、阿弥陀如来や薬師如来、観音菩薩、地蔵菩薩、虚空蔵《こくうぞう》菩薩などを本尊とする寺院も多々あります。その理由としては、「釈迦如来以外の仏さまを本尊としてお寺が開かれた」「地域に親しまれている仏さまをお寺の本尊とした」「他宗派からの転派」などが考えられます。教義上、特定の仏を本尊として規定しなければいけない宗派ではありませんので、各寺院はそれぞれご縁のある仏さまを本尊としているのが実情です。また、境内地のなかには次のような仏像が安置されています。

本堂中央の本尊の多くは釈迦如来像ですが、その左右には祖師《そし》像などがまつられることもあります。具体的には中国禅の初祖の達磨《だるま》大師、臨済宗の名前の由来となった臨済《りんざい》禅師、各寺院を開いた開山《かいざん》禅師像などです。臨済宗では法系（教えの伝授の流れ）を重視するためです。

さまざまな場所にまつられる尊像

修行僧が坐禅をする禅堂には僧侶の姿をした文殊菩薩をまつります。修行僧の日常生活の規範としての意味があります。

また、お釈迦さまの舎利《しゃり》を魔王が奪って逃げたとき、韋駄天《いだてん》がこれを追って取り戻し守ったという伝説があります。このことから、修行をさまたげるものがあると、走ってきて魔障を除くといわれ、修行をする場所に守護神としてまつられます。多くは庫裡《くり》にまつられます。

韋駄天

僧形文殊

東司《とうす》には烏枢沙摩《うすさま》明王《みょうおう》をまつります。世のなかの一切のけがれや悪を焼きつくし、不浄を清浄に転ずる徳を持つ明王です。浴司《よくす》には水によって、あるいは入浴しようとして悟りを開いた跋《ばっ》陀婆羅《だばら》菩薩をまつります。禅宗では入浴のことを開浴《かいよく》といい修行の一つです。短いお経を読み、三拝するなどの作法があります。

● 一般家庭の仏壇

檀家さんの仏壇の本尊は釈迦如来ですが、各本山の開山さま、開《かい》基《き》さまの絵像をまつることもあります。例えば妙心寺の場合は無相大師と花園《はなぞの》法皇です。密教系の宗派にみられる曼荼羅や浄土系の「南無阿弥陀仏」、日蓮系の「南無妙法蓮華経」の題目をかかげることもありません。荘厳《しょうごん》は質素です。

（村越英裕）

曹洞宗

本尊は

曹洞宗は、釈迦牟尼仏《しゃかむにぶつ》を本尊とし、その向かって右側を高祖承陽大師《こうそじょうようだいし》（道元禅師）、向かって左側を太祖常済大師《たいそじょうさいだいし》（瑩山禅師《けいざんぜんじ》）とした一仏両祖《いちぶつりょうそ》を、三尊仏《さんぞんぶつ》としてまつります。仏壇には三尊仏が描かれた掛軸をまつって礼拝します。

寺院の伽藍《がらん》を中心に考えると、諸堂の本尊は須弥壇《しゅみだん》上に多くまつられています。古代インドの観念にもとづく、世界の中心にある須弥山《しゅみせん》をかたどったのが須弥壇とされます。一般に、仏殿や法堂《はっとう》、本堂には、中央に本尊、脇侍《わきじ》がその左右に一体ずつまつられます。曹洞宗の本尊は釈迦牟尼仏が原則なのですが、寺院の由来により、おまつりされる三尊仏は、必ずしも一定していません。

その他の仏像

①本堂内陣の向かって右奥は土地壇《とちだん》といい、大権修理菩薩《だいげんしゅりぼさつ》像が守護神として多くまつられています。大権修利菩薩とも書き、右手を額にあてた遠方を望む姿をしています。本堂内陣の向かって左奥は祖師壇《そしだん》といい、禅宗の祖とされる達磨大師像《だるまだいしぞう》が多くまつられています。

②山門には、仏・菩薩・仁王像・羅漢像等がまつられていることがあります。僧堂《そうどう》や坐禅堂の

中央には聖僧像《しょうそう》という、僧形《そうぎょう》の仏像がまつられています。

③韋駄天《いだてん》像は庫院《くいん》にまつられています。韋駄天は僧達が安心して修行できるよう、飛ぶように走り、食物を調達してくれる守護神とされています。甲冑《かっちゅう》を身につけ、合掌した手に宝棒《ほうぼう》または宝剣《ほうけん》を持っています。

④東司《とうす》（トイレ）には烏樞沙摩明王《うすさまみょうおう》がまつられています。宝剣や縄など、さまざまな法具を手に持ち、全身から大火焔を放っています。

⑤浴室に安置されているのが跋陀婆羅《ばっだばら》菩薩です。跋陀婆羅菩薩が、浴司《よくす》（浴室の係）を勤めている時に悟りを開かれた因縁を尊び、礼拝します。

寺院の由来や歴史により、他にも多様な尊像がまつられています。

一仏両祖の三尊仏

烏樞沙摩明王（永平寺）

●図像

歴代の祖師達の遺徳を偲《しの》ぶ図像として、頂相《ちんぞう》（禅僧の肖像画）が、各地の寺院に保存されています。

（横井教章）

日蓮宗

●本尊は

日蓮宗では、『法華経』の第十六章「如来寿量品《にょらいじゅりょうほん》」に説かれる、永遠なる生命を有したお釈迦さま（久遠実成《くおんじつじょう》の本師釈迦牟尼仏《ほんししゃかむにぶつ》）の救いの世界を、本尊（本門《ほんもん》の本尊）としています。

その本尊を図で（文字で）顕《あらわ》しますと、お題目・南無妙法蓮華経を中心とした「お曼荼羅《まんだら》」となり、仏像で顕わしますと、お題目塔を中心とした「一塔両尊四士《いっとうりょうそんしし》」（両尊はお釈迦さまと多宝如来《たほうにょらい》、四士は上行《じょうぎょう》・無辺行《むへんぎょう》・浄行《じょうぎょう》・安立行《あんりゅうぎょう》の四菩薩）ということになります。

日蓮宗の多くの寺では、本門の本尊の世界を顕すためにお曼荼羅を奉掲《ほうけい》し、その前に一塔両尊四士などの仏像群を奉安しています。身延山《みのぶさん》や京都の各本山（日蓮宗八本山）では、等身大もしくはそれ以上の大きさの仏・菩薩像が格護《かくご》されており、殊《こと》に京都妙顕寺《みょうけんじ》のものは他を圧倒する大きさです。

●日蓮聖人像

多くの日蓮宗寺院では、本尊（お曼荼羅や一塔両尊四士）をおまつりし、さらにその前に日蓮聖《しょう》人《にん》像を安置する形態をとっています。ただしこの聖人像は決して本尊ではなく、末法《まっぽう》の人々を導く「大導師《だいどうし》」として位置付けられます。

一塔両尊の前に安置された日蓮聖人

鬼子母神

日蓮聖人入滅《にゅうめつ》の地・池上本門寺には、七回忌の正元《しょうげん》元年（一二八八）に制作された聖人像（国指定重要文化財）があり、晩年の聖人のお顔に最も似ているといわれています。このほか、鎌倉の妙本寺や京都の本満寺の日蓮聖人像も歴史的に価値のあるものとして知られています。

画像としては、千葉県市川の浄光院の水鏡《みずかがみ》御影《みえい》（国指定重要文化財）や身延山久遠寺の波木井《はぎい》御影《みえい》などが有名です。

●鬼子母神像

『法華経』の大切な守護神である鬼子母神《きしもじん》の像も、日蓮宗の多くのお寺でおまつりされています。「子安《こやす》鬼子母神」とか「子育て鬼子母神」としておまつりされることが多いようです。

（浜島典彦）

教え・祖師・本山

天台宗

教えは

天台宗の教えの中心は『法華経《ほけきょう》』です。『法華経』の特徴は「あらゆる人が仏道修行を続ければ、いつか必ず仏に成れる」ということをお釈迦様が教えて（授記《じゅき》）下さったというところにあります。法華一乗《ほっけいちじょう》の教えといいますが、お釈迦様はこのことを衆生《しゅじょう》に勘違いなく悟らせるために、順を追っていろいろな教えを説き、最後にいよいよ『法華経』を説いて、それら全ての教えの真髄を伝えたのだと考えています。

ですから、この『法華経』の教えを中心に、密教、禅、戒律といったさまざまな教えを取り入れ、「あらゆる人は修行を続ければいつか必ず仏になれる」という教えの実践方法としてさまざまな修行方法、教えを統括的に内包しているのが天台の特徴です。

祖　師

中国の高祖天台大師《てんだいだいし》は、当時、無秩序に多数あった仏教経典を、『法華経』を中心に体系付け、分類したことで有名です。多様化しすぎて分かりづらくなっていた仏教を整理したのです。また「法華三大部《ほっけさんだいぶ》」を説いて、『法華経』の理解と実践方法を著しました。

日本の天台宗の始祖「伝教大師最澄《でんぎょうだいしさいちょう》」は天台大師の教えに深く感銘し、奈良仏教を抜け出して比叡山《ひえいざん》であらたな仏教をはじめました。平安時代には唐（中国）に渡り、多くの高僧に会い、さまざまな教えを持ち帰りました。このとき持ち帰った教えを基盤に日本の天台宗が発展していくことになりました。

●本　山

天台宗の本山は比叡山です。天台の教えが国を護るという大師の信念に桓武《かんむ》天皇の信頼もあつく、平安遷都には多大な功績があり、平安京の鬼門《きもん》を比叡山が守っているということは有名です。また伝教大師は『山家学生式《さんげがくしょうしき》』を著し、比叡山での修行方法を体系付けました。そのなかにある「忘己利他《もうこりた》」の精神が天台の修行のなかに息付いています。

また、比叡山は、多くの仏弟子を育み、浄土宗、日蓮宗、禅宗の母体ともなりました。

（山田俊尚）

最澄

真言宗

教えは

真言宗の教えの最大の特徴は、自分が仏であることに気付けば、生きたまま仏になれるという「即身成仏《そくしんじょうぶつ》」の教えにあります。その気付きを体得するために、印《いん》を組み、真言を誦《とな》え、心を集中して、仏と一体になる観行《かんぎょう》を行いますが、これを「三密行《さんみつぎょう》」といいます。いったん成仏すると、今度は世界平和から個人の希望といったさまざまな利他行《りたぎょう》に、成仏したことによる功徳《くどく》を手向けます。加持祈祷《かじきとう》や死者供養など、真言宗の全ての仏事はこの教えを基調にしています。

ふつう大乗仏教では、長い利他行の末にようやく成仏できます。真言宗でも同様ですが、成仏した後に利他行に励む傾向が比較的強くなっています。ここに即効性と、成仏後であるゆえの強い実効性を重視する姿勢が見てとれます。

祖師

真言宗の祖師は、弘法大師空海《こうぼうだいしくうかい》（七七四〜八三五）です。留学先の唐・長安で恵果阿闍梨《けいかあじゃり》から伝法灌頂《でんぽうかんじょう》を受け、密教の正嫡《しょうちゃく》第八祖となった空海は、帰朝したのちに密教の理論を完成させ、真言宗を開かれました。以来千二百年になろうとしていますが、「お大師さま」への信仰は、「同《どう》行二人《ぎょうににん》」という言葉が示すように、宗派を越えて今なお盛んです。

また中興の祖として、興教《こうぎょう》大師覚鑁《かくばん》（一〇九五～一一四三）があげられます。覚鑁は、仁和寺《にんなじ》から高野山に登り、真言密教の再興に尽くしました。後に根来寺《ねごろじ》に移った覚鑁の門流を新義《しんぎ》、従来の門流を古義《こぎ》と呼び慣わすようになります。

● 主な本山

真言宗は分派が多かったため、本山も沢山あります。ここではそのなかから、大規模な修行施設を持つ主要な本山のみをとりあげます。

京都では、まず空海が嵯峨《さが》天皇から賜《たまわ》った東寺《とうじ》（教王護国寺《きょうおうごこくじ》）があげられます。また洛北では、宮家と縁の深い仁和寺《にんなじ》や大覚寺《だいかくじ》、山科《やましな》では修験道当山派《とうざんは》を統括した醍醐寺《だいごじ》や勧修寺《かじゅうじ》などが著名です。

空海

和歌山には空海修禅《しゅぜん》の地である高野山と、そこから袂《たもと》を分かった根来寺《ねごろじ》があります。高野山は、海抜約八百メートルの山上に宿坊が建ち並ぶ宗教都市として著名です。

根来寺の法灯は、観音さまや牡丹で有名な奈良の長谷寺《はせでら》や、京都東山の智積院《ちしゃくいん》に受け継がれています。

（山口史恭）

浄土宗

教えは

十二世紀の後半から十三世紀にかけての激動の時代に、古代仏教と決別し、民衆に救いの手をさしのべたのが、浄土宗の宗祖法然上人《ほうねんしょうにん》（一一三三～一二一二）であった。

法然の教え専修念仏《せんじゅねんぶつ》は、南都《なんと》奈良、比叡山などの当時の既成仏教の批判、革新として出発したがゆえに、その生涯は晩年には四国に配流《はいる》されるなど苦難に満ちたものだった。教えの核心に、われら凡夫《ぼんぶ》に最もふさわしい教えは、智者《ちしゃ》や戒律を守る持戒者《じかいしゃ》、富んだ者のみに適した聖道門《しょうどうもん》（既成の仏教）ではなく、阿弥陀仏の願いを深く信じてその名を専《もっぱ》ら称《とな》え（称名《しょうみょう》）れば、すべての者が平等に救われる浄土門のみであるという信念があった。法然は、源信《げんしん》の『往生要集《おうじょうようしゅう》』に導かれ、唐代の僧善導大師《ぜんどうだいし》の『観無量寿経疏《かんむりょうじゅきょうしょ》』などの教えの上に、貴賤、男女の別なく、職業の別なく、百人が百人ながら等しく救済される一向《いっこう》専修の念仏を広め、建久《けんきゅう》九年（一一九八）『選択《せんちゃく》本願念仏集《ほんがんねんぶつしゅう》』を著し、立宗の本意を明らかにした。

教えの流れと主な本山

法然はその最晩年に京都東山に草庵を結び、そこで建暦《けんりゃく》二年（一二一二）に入寂《にゅうじゃく》した。愛弟子の源智《げんち》が、その祖廟《そびょう》の地に開いたのが現在の総本山知恩院《ちおんいん》である。教えは庶民はもとより、諸宗の学僧の受け継ぐところとなり、多様な念仏の教えが展開されたが、そのなかから鎮西義《ちんぜいぎ》と呼ばれる弁長《べんちょう》（聖光《しょうこう》上人）の流れが優勢となった。大本山善導寺（福岡県久留米市）は、その弁長が開山した。その弟子良忠《りょうちゅう》（記主《きしゅ》禅師）は東国の教化に努め、鎌倉の地に悟真寺《ごしんじ》（後の大本山光《こう》明寺《みょうじ》）を開く。親鸞《しんらん》聖人は法然の最も若い弟子の一人、時宗《じしゅう》を開く一遍《いっぺん》上人は法然の弟子証空《しょうくう》の孫弟子である。

他の主な本山は、法然が一時在住し、源智が専修念仏の道場とした知恩寺《ちおんじ》（京都市）、黒谷《くろだに》本山として知られる金戒光明寺《こんかいこうみょうじ》（同）、江戸の念仏布教の拠点で家康の庇護を得て大伽藍に発展した増上寺《ぞうじょうじ》（東京都港区）などがある。

法然

また、法然の弟子証空の流れである西山義《せいざんぎ》から現在、光明寺（京都市粟生《あお》）を中心とする西山《せいざん》浄土宗、禅林寺《ぜんりんじ》（同市）を本山とする浄土宗西山禅林寺派、誓願寺《せいがんじ》（同市）などの浄土宗西山深草派の西山三派が念仏の信仰を広めている。

（川副春海）

浄土真宗

教えは

浄土真宗は、本願《ほんがん》の宗教といわれている。ここでいう本願は、阿弥陀仏の四十八願《しじゅうはちがん》のことである。真宗の教えの特色は、すべてを本願中心に見てゆくという点に尽きる。本願をつぶさに説いている経は、浄土三部経《じょうどさんぶきょう》のなかの『仏説無量寿経《ぶっせつむりょうじゅきょう》』である。よって親鸞聖人《しんらんしょうにん》は、真実を顕《あらわ》す経典は『大無量寿経』にほかならないと喝破《かっぱ》された。

中国浄土教の大成者、善導大師《ぜんどうだいし》は、『無量寿経』所説の本願をよりどころとしながらも、中国において人気があり広く読まれていた『仏説観無量寿経《かんむりょうじゅきょう》』の註釈に精魂をこめられた。親鸞聖人が心血を注いで顕彰された「大経《だいきょう》」（『無量寿経』）中心の大経法門《だいきょうほうもん》に対して、観経法門《かんぎょうほうもん》といわれる所以《ゆえん》である。また儀礼の面にも心を砕かれ、『仏説阿弥陀経』をよりどころとして法要《ほうよう》の指《し》南書《なんしょ》（『法事讃《ほうじさん》』）を著された。これは、教化手法の違いと見るべきであろう。

生活上の実践が、念仏中心である点は、浄土系各宗に共通している。そのなかにあって、聞法《もんぼう》ということを殊《こと》に重視するのが真宗の教えの特色といえる。しかしこれは、親鸞聖人の独創にはじまるというわけではない。『無量寿経』の全体、なかでも、本願の四十八願の記述を読んでみれば、「聞」という語が頻出《ひんしゅつ》し、いかに重要かがわかる。

意外なことに「名号《みょうごう》を称《とな》える」という言い方が皆無であるのに対して「名号を聞く」とか「名字《みょうじ》を聞く」という言葉が繰り返し出てくる。これはもちろん、耳に聞いた、頭で理解したという程度の話ではない。深いうなずきをともなった聞信《もんしん》であり、身証《しんしょう》である。念仏実践の伝統を受け継ぎつつ、根本聖典である『無量寿経』の心髄を味到《みとう》させて下さるのが、聖人の教えの真骨頂《しんこっちょう》といえよう。

●祖　師

以上に述べた点も含めて、今日では親鸞聖人を祖師として仰いでいる。しかし聖人ご自身は、一宗を立てるという意図を持たず、終生、恩師法然上人《ほうねんしょうにん》を、日本における浄土真宗の祖として仰がれた。

親鸞

●本　山

祖師自らが建てた本山はない。東西の本願寺や専修寺《せんじゅじ》、仏光寺《ぶっこうじ》など、名の知られた各派の本山はあるが、祖意との直接の関係はない。祖師によって築かれた本山がないという点は、ある意味で真宗にふさわしいといえるかもしれない。

（瓜生津隆文）

●臨済宗

●教えは

鎌倉時代、坐禅を教義の中心とする宗派として臨済宗と曹洞宗が成立します。両宗派に共通していることはお釈迦さまが坐禅をして悟りを開いた歴史的事実を教えのはじまりとし、インドから中国に禅を伝えた達磨《だるま》大師（没年五三〇年頃）を宗旨の源流としていることです。臨済宗という宗派の名前の由来は唐の高僧・臨済義玄《りんざいぎげん》禅師（？～八六七）によります。臨済の禅風を伝える宗派が臨済宗で、日本には栄西《えいさい》禅師（一一四一～一二一五）が宋より伝えました。

ただし、結果的には現在、伝わる臨済宗各派のほとんどは、鎌倉時代から室町時代に活躍した大応国師《だいおうこくし》（南浦紹明《なんぽじょうみょう》）、大燈国師《だいとうこくし》（宗峰妙超《しゅうほうみょうちょう》・大徳寺《だいとくじ》開山）、関山慧玄《かんざんえげん》禅師（妙心寺《みょうしんじ》開山）の禅、いわゆる応燈関《おうとうかん》の法系が受け継がれています。さらに、江戸時代、白隠《はくいん》禅師（一六八五～一七六八）によって、教義や継承の仕方が近代化され、大衆教化も拡大され、宗門を中興《ちゅうこう》しました。

禅とは身体と呼吸と心の統一状態を意味するディアーナの音写で禅那《ぜんな》の語に由来します。すなわち、坐禅を組んで精神を統一し、自己の本性を見極め、悟りを開くことを目的としています。お釈迦さまが坐禅をして悟りを開いた心境と同一のものです。

その悟りの境地の核心部分は言葉によって説明することはできず、師と弟子の間で心から心へと伝えられます。このことを不立文字《ふりゅうもんじ》、教外別伝《きょうげべつでん》といいます。この文字や言葉を使わない伝授を適切に指導する方法として、高僧の奇抜な言動や、逸話などからなる禅問答（公案《こうあん》）を用います。これを看話禅《かんなぜん》といい、ひたすら坐る曹洞宗を黙照禅《もくしょうぜん》といいます。

臨済禅では公案を用いた坐禅修行が主体ですが、「私たち自身が仏である」「心そのものが禅」「生き方そのものが禅」「日常生活そのものが禅」であり、修行ならざるものはないと説いています。

●主な大本山

臨済宗のなかで最大の宗団は臨済宗妙心寺派です。開山は関山慧玄禅師（一二七七〜一三六〇）です。他に主な大本山と開山は、建仁寺《けんにんじ》は栄西、南禅寺《なんぜんじ》は無関普門《むかんふもん》（一二一二〜一二九一）、天龍《てんりゅう》寺《じ》は夢窓疎石《むそうそせき》（一二七五〜一三五一）、大徳寺は宗峰妙超（一二八二〜一三三七）、建長寺《けんちょうじ》は蘭渓道隆《らんけいどうりゅう》（一二一三〜一二七八）、円覚《えんがく》寺《じ》は無学祖元《むがくそげん》（一二二六〜一二八六）で、各本山ごとに宗派を形成しています。

（村越英裕）

栄西

曹洞宗

●教えは

道元禅師《どうげんぜんじ》は、教（特定の経典をよりどころとする教宗《きょうしゅう》）と禅（経典の外に別に祖師道があるとする禅宗）の対立以前の釈尊の仏法を伝える立場をとります。道元禅師は、仏の行として「ただ坐る（只管《しかん》打坐《たざ》）」のであり、修行と悟りは一つであり、修行の外に悟りというものがあるわけではなく、「修行そのものが悟りの証《あかし》（修証一等《しゅしょういっとう》）」であるとお示しになります。道元禅師の坐禅は、行住坐臥《ぎょうじゅうざが》（行は歩くこと、住はとどまること、坐は坐ること、臥は寝ること）、生活全般に具現されるものでした。

瑩山紹瑾《けいざんじょうきん》禅師も、「茶に逢《お》うては茶を喫《きっ》し、飯に逢うては飯を喫す（お茶を出されたらお茶を頂き、ご飯を出されたらご飯を頂きます）」と述べ、喫茶喫飯《きっさきっぱん》も仏の行とし、一挙手一投足《いっきょしゅいっとうそく》が仏の現れとなる生き方をされました。

そうした教えから、身支度《みじたく》を整え（威儀即仏法《いいぎそくぶっぽう》）、一つ一つの作法を大切するよう（作法是宗旨《さほうこれしゅうし》）、僧堂では、坐禅、行鉢《ぎょうはつ》、行茶《ぎょうちゃ》、清掃作務《せいそうざむ》等を、修行僧達が一体となって行じます。私達はみな仏の子《みこ》であり、生まれながらに仏心をそなえており、ひとたび仏に帰依《きえ》すれば、心が落ち着き、自ずから生活が調《ととの》えられる教えです。

●祖師

「一仏両祖《いちぶつりょうそ》」といい、一仏は釈尊、他宗の宗祖にあたる祖師を両祖といいます。両祖とは道元禅師（一二〇〇～一二五三）と、道元禅師の曾孫弟子《ひまごでし》で教線を拡大した瑩山禅師（一二六八～一三二五）のことです。

道元禅師の主な著書・語録には、『宝慶記《ほうきょうき》』『学道用心集《がくどうようじんしゅう》』『正法眼蔵《しょうぼうげんぞう》』『永平広録《えいへいこうろく》』などが、瑩山禅師には『伝光録《でんこうろく》』『信心銘拈提《しんじんめいねんてい》』『坐禅用心記《ざぜんようじんき》』『瑩山禅師語録《けいざんぜんじごろく》』などがあります。

●本山

曹洞宗には、永平寺《えいへいじ》と總持寺《そうじじ》という二つの同格の大本山があります。

①吉祥山《きちじょうざん》永平寺（福井県吉田郡永平寺町）の開山は道元禅師。開基は波多野義重《はたのよししげ》氏。寛元《かんげん》二年（一二四四）、傘松峰大仏寺《さんしょうほうだいぶつじ》として建立。後年、山号と寺号を改めました。

②諸嶽山《しょがくさん》總持寺（横浜市鶴見区）の開山は瑩山禅師。もとは石川県鳳至郡《ふげしぐん》の諸嶽寺《しょがくじ》観音堂。定賢律師《じょうけんりっし》の寄進《きしん》により、元亨《げんきょう》元年（一三二一）に總持寺と改めました。そして明治四四年（一九一一）に、現在地に移転しました。（横井教章）

道元

日蓮宗

教えは

日蓮宗の教えを要約しますと、久遠実成《くおんじつじょう》のお釈迦さまの救いを信じ、「南無妙法蓮華経」のお題目を唱え、仏国土の顕現《けんげん》（真の世界平和実現）を目指し、人々の現世での安穏と成仏を祈るということになります。

祖　師

祖師は日蓮聖人《しょうにん》（一二二二〜八二）で、末法《まっぽう》を導かれる「大導師《だいどうし》」という位置付けがなされています。その生涯について略述しますと、安房国東条郷《あわのくにとうじょうごおり》小湊《こみなと》（現在の千葉県鴨川市）に誕生、十二歳で清澄山《せいちょうざん》に登り、十六歳で出家。十七ヶ年の遊学を経たのち三十二歳のときに立教開宗《りっきょうかいしゅう》、お題目を始唱《ししょう》され、身命を賭《と》しての布教活動を開始されます。

三十九歳の七月十六日、『立正安国論《りっしょうあんこくろん》』を鎌倉幕府に上申《じょうしん》、この後、幾度もの迫害を被《こうむ》られますが、怯《ひる》むことなく法華信仰の尊さを訴え続けられます。

佐渡流罪赦免《しゃめん》後は身延山《みのぶさん》に隠棲《いんせい》、弟子や檀越《だんのつ》（信徒）の教育にあたられますが体調を崩され、常陸《ひたち》へ湯治に行く道中、武蔵野国池上（現在の東京都大田区池上）で六十一歳の生涯を閉じられます。

● 主な本山

日蓮宗には総本山（祖山《そざん》）が一ヶ寺、大本山が七ヶ寺、霊跡《れいせき》・由緒《ゆいしょ》本山（日蓮聖人ゆかりの地または日蓮宗の歴史上布教拠点となった寺）が四十九ヶ寺存在します。以下、総本山と大本山のみ概説します。

【総本山（祖山）】身延山久遠寺《みのぶさんくおんじ》……日蓮聖人が晩年の九ヶ年を住《じゅう》された棲神《せいしん》（魂《たましい》がすむ）の地です。身延山は日蓮聖人が「墓をばみのぶ沢にせさせ候《そうろう》べく候」と遺言された山であり、御廟所《ごびょうしょ》・草《そう》庵跡《あんあと》・大本堂・祖師堂・思親閣《ししんかく》・七面山《しちめんざん》などが点在する厳粛な霊場で、宗徒の心のよりどころでもあります。

【大本山】①長栄山（池上）本門寺……池上宗仲《むねなか》の館跡で日蓮聖人ご入滅《にゅうめつ》の地。／②小湊山誕生寺……聖人ご降誕の地。／③千光山清澄寺……日蓮聖人出家、お題目始唱の地。／④正中山《しょうちゅうざん》法華経寺……有力檀越富木常忍《ときじょうにん》の館跡。国宝『立正安国論』『観《かん》心本尊抄《じんほんぞんしょう》』格護《かくご》。／⑤富士山（北山）本門寺……六老僧の一人・日興上人《にっこうしょうにん》が開創した寺。／⑥具足山妙顕寺……日蓮聖人の直弟子・日像《にちぞう》上人が京都四条《しじょう》に開創した寺。／⑦大光山本圀寺《ほんこくじ》……鎌倉松葉ヶ谷《まつばがやつ》の法華堂が京都六条に移遷《いせん》された寺。

日蓮

（浜島典彦）

主なお経

●天台宗

●根本は『法華経《ほけきょう》』

天台宗は『法華経』の教えを根本とする宗派です。『法華経』は全八巻二十八品《ほん》に分かれております。二十八品のなかには多くの授記《じゅき》の記録や喩《たと》え話（法華七喩《ほっけしちゆ》）が収められており、聞く人、読む人に合わせて実に理解しやすく説かれているのが特徴ですが、天台宗ではこのなかの四品を「法華四要品《ほっけしようぼん》」とし、特にこの四品を重要視して読んでいます。その四品とは「安楽行品《あんらくぎょうほん》第十四」「如来寿量品《にょらいじゅりょうほん》第十六」「如来神力品《にょらいじんりきほん》第二十一」「観世音菩薩普門品《かんぜおんぼさつふもんぼん》第二十五」です。

●朝は『法華経』、夕は『阿弥陀経』

そして天台宗ではこの『法華経』の教えをどう実践していくかが説かれますが、その方法の一つに、法華懺法《ほっけせんぼう》という法儀《ほうぎ》があります。これは『観普賢菩薩行法経《かんふげんぼさつぎょうぼうきょう》』をもとに、六根《ろっこん》（眼《げん》・耳《に》・鼻《び》・舌《ぜつ》・身《しん》・意《い》）を懺悔《さんげ》して清浄《しょうじょう》にし、散華《さんげ》して仏に帰依《きえ》し、「安楽行品第十四」をお唱えするという法儀です。なお、仏教の懺悔はキリスト教の懺悔《ざんげ》と趣旨が違います。誤解がないようにご説明もうしあげますと、キリスト教の懺悔は神に許しを請うために行いますが、仏教の懺悔は六根を清浄にするために行っています。「一切衆生《いっさいしゅじょう》　悉有仏性《しつうぶっしょう》」（全ての生きとし生けるものは　仏になる性質を持っている）という教えがありますが、私達が普段犯してしまう過《あやま》ちは、この「仏性」の周りに「煩悩」という汚れがついてしまっているからだと考えています。ですから、六根についた煩悩という汚れを懺悔し清浄にして、本来持っている仏性のままに今日という一日を過ごせれば素晴らしい、という意義を持って毎朝『法華経』を唱えています。また、この仏性が全ての人にあるがゆえに「あらゆる人が仏道修行を続ければ、いつか必ず仏に成れる」と信じることができるのです。

そして夕方には『阿弥陀経』を唱えます。『法華経』の行者は臨終の際には阿弥陀仏に面奉《めんぶ》して、安《あん》楽国《らくこく》に往生《おうじょう》するといわれていますが、天台宗では『阿弥陀経』を「小法華《しょうほっけ》」と別名し大切にしています。

●『般若心経《はんにゃしんぎょう》』と『圓頓章《えんどんしょう》』

このほかにも『般若心経』『圓頓章』などを唱えます。「空《くう》」の教えは『法華経』はもとより、多くの経典の思想的基盤でもあります。ですので「色即是空《しきそくぜくう》」を説く『般若心経』は大切に唱えられております。また『圓頓章』は天台大師《てんだいだいし》が説かれた『摩訶止観《まかしかん》』の一部で天台究極の思想を実に見事に簡潔に表した短い文であり、天台宗独特のものです。これも大切に読誦《どくじゅ》しています。

（山田俊尚）

真言宗

所依《しょえ》の経典は

空海は、真言宗徒が特に学ぶべきお経や論疏《ろんしょ》(研究書)を『真言宗所学経律論目録《しんごんしゅうしょがくきょうりつろんもくろく》』という書物に示しています。そのなかでも『大日経《だいにちきょう》』と『金剛頂経《こんごうちょうきょう》』が、真言宗所依の「両部《りょうぶ》の大《だい》経《きょう》」として最重要視されるようになりました。

従来のお経と違う点は、お釈迦さまではなく、真理そのものである大日《だいにち》如来が、自らの悟りの境地をそのまま説いた教えであるということです。成仏を目的とした、真言・印契《いんげい》(手に組む印)・観法《かんぼう》・曼荼羅《まんだら》・灌頂《かんじょう》などを説く『大日経』と『金剛頂経』の教えは、後世、それ以前の密教を「雑密《ぞうみつ》」、それ以降の教えを「純密《じゅんみつ》」と区別するほど画期的でした。なお『大日経』七巻は単独のお経ですが、『金剛頂経』は膨大な数にのぼる金剛頂経系経典の総称です。ただし単に『金剛頂経』と表記されるときは、一般に不空《ふくう》訳『金剛頂一切如来真実摂大乗現証大教王経《こんごうちょういっさいにょらいしんじつしょうだいじょうげんしょうだいきょうおうきょう》』三巻のことを指す場合がほとんどです。

また、特に尊重される論疏として、共に龍樹《りゅうじゅ》作といわれた『釈摩訶衍論《しゃくまかえんろん》』『菩提心論《ぼだいしんろん》』や、善《ぜん》無畏《むい》による『大日経』解釈を一行《いちぎょう》が筆録した『大日経疏《だいにちきょうしょ》』などがあげられます。

なおこれらのお経や論疏は、基本的に空海の諸著作における解釈に則って理解するのを常とします。

●読誦《どくじゅ》経典は

真言宗の日常的法要では、先にあげた両部大経や論疏を読誦することがほとんどありません。常に読誦するのは、金剛頂経系経典の一つたる『理趣経《りしゅきょう》』です。

『理趣経』は、大正新脩大蔵経《たいしょうしんしゅうだいぞうきょう》でわずか二頁半程度の短いお経ですが、読誦の功徳《くどく》を説き、仏教で通常否定される世俗的な欲望を、むしろ悟りへの聖的な欲望へと昇華すべきことなどが説かれています。欲望肯定論として誤解される危険があるため、古来より一定の修行課程を終えた者のみが読誦を許されました。またお経は普通呉音《ごおん》読み（例「清浄《しょうじょう》」）ですが、『理趣経』は伝統的に漢音（例「清浄《せいせい》」）で読みます。その理由を「聞いても内容がわからないようにするため」と説明することもありますが、これも『理趣経』が持つ秘匿性《ひとくせい》のゆえでしょう。

また『理趣経』の前後には、密教経典中の真言や偈頌《げじゅ》に独特の節をつけた声明《しょうみょう》をお唱えします。その内容は、おおむね仏菩薩を讃えて帰依《きえ》を表明するという、いわば讃歌《さんか》です。各流派（長谷寺《はせでら》・智《ち》積院《しゃくいん》・高野山ほか）で節回しが少しずつ異なりますが、お唱えしている内容は全く同じです。

このほかにも、各種の真言・陀羅尼《だらに》や、『舎利礼文《しゃりらいもん》』『般若心経』『観音経』などの経典類、さらに「南無大師遍照金剛《なむだいしへんじょうこんごう》」「南無興教大師《なむこうぎょうだいし》」等の宝号と、廻向文《えこうのもん》などが読誦されます。

（山口史恭）

浄土宗

●まず「南無阿弥陀仏」と称《とな》えること

イスラム社会では、一定の時刻になるとほぼ例外なく、聖典コーランを読む声が街に流れてくる。多民族社会のインドでは、コーランに加えて、ヒンドゥー教のお経も、あたかも対抗するようにスピーカーから響き渡る。仏教国インドでは、古代インドのパーリー語で書かれたお経も響く。ギリシャ北部の修道院では、一日中、ギリシャ語で神の名を呼ぶ修道僧の姿が見られる。

あらゆる宗教の聖典は、読んで理解するだけでなく、声に出してひたすら呼びかけ、称えられる宿命にある。

浄土宗でも、読誦《どくじゅ》、礼拝《らいはい》、観察《かんざつ》、口称《くしょう》、讃歎供養《さんだんくよう》の「五種正行《しょうぎょう》」が宗教的実践行であり、その最初に、経を読みとなえる読誦の行が置かれる。

また、浄土宗の儀礼の最大の特徴として「南無阿弥陀仏」とひたすら称える口称の行が、その中心にある。いずれも、体を動かし声に出して阿弥陀仏を誉《ほ》めたたえる行なのだ。例えば、京都・嵯峨の清涼寺《せいりょうじ》など幾つかの寺院では年末の三日間、「仏名会《ぶつみょうえ》」が開かれ、南無阿弥陀仏と称えながら三千回礼拝を繰り返す修行を行う。声によって仏に帰依《きえ》するかたちが、その核心なのである。

●よりどころは「浄土三部経」

念仏の修行のよりどころが、「浄土三部経」と呼ばれる『無量寿経《むりょうじゅきょう》』『観無量寿経《かんむりょうじゅきょう》』『阿弥陀《あみだ》経《きょう》』であり、いずれも阿弥陀仏の誓い（本願《ほんがん》）と、その本願を信じて念仏を称えるものは誰でも、西の方にある極楽浄土へと行く（往生《おうじょう》）ことができると説く。特に『無量寿経』の上巻から抜粋した「四誓偈《しせいげ》」と呼ばれるお経は、詩の形式（偈）をとって仏の誓いを表したもので、浄土宗の法会《ほうえ》では最も読誦される経典である。

「浄土三部経」は広汎な経典でもあり、日々の修行や、信仰のために古来さまざまなお経の読み方が整備されてきた。近世に至って「勤行式《ごんぎょうしき》」と呼ばれる式次第が成立した。現代に行われる「日常勤行式」は、「浄土三部経」の一部を中心に、中国唐代に浄土教を集大成した善導大師《ぜんどうだいし》が書かれた『法事讃《ほうじさん》』に従って、さまざまな経典や礼讃《らいさん》、法然上人の法語（「一枚起請文《いちまいきしょうもん》」「一紙《いっし》小消息《こしょうそく》」など）などを読みあげる。

またこのなかの「三宝礼《さんぽうらい》」という偈は、仏と教え（法）、その教えを奉じる者の集団（僧）に帰依するという意味だが、この偈は古代インドから、上座部のスリランカ、タイなどから東アジアの諸仏教すべてに共通し、仏教の国際性を物語る。浄土宗のお経の原点は、南無阿弥陀仏を声に出して称える口称の行であり、こうした勤行式はその念仏へ向かわせる仕組みと手立てなのである。

（川副春海）

●浄土真宗

●『仏説無量寿経』

法然上人《ほうねんしょうにん》は、あまたの経典のなかから、末代の凡夫《ぼんぷ》を導く教えとして三部の経典を選び、定めて下さった。これが「浄土三部経《じょうどさんぶきょう》」といわれるもので、『仏説無量寿経《ぶっせつむりょうじゅきょう》』『仏説観無量寿経《かんむりょうじゅきょう》』『仏説阿弥陀経』の三部の浄土経典である。なかでも大部で、最も重要な経典が『仏説無量寿経』である。

親鸞聖人《しんらんしょうにん》の主著『教行信証《きょうぎょうしんしょう》』には、「それ真実の教《きょう》を顕《あらわ》さば、すなはち大無量寿経これなり」とある。浄土の教えの根本である阿弥陀仏の本願のいわれと詳細、その成就《じょうじゅ》が説かれているからである。浄土教の祖師方の多くが、主に『観無量寿経』や『阿弥陀経』を用いた教化であったのに対して、『無量寿経』を前面に立てて教化を進めたのが親鸞聖人であった。

『無量寿経』を開くと、「名号《みょうごう》を聞く」という言葉が肝心なところで出てくる。その名号とは、阿弥陀如来が衆生《しゅじょう》を招喚《しょうかん》する勅命《ちょくめい》であると受けとられた。勅命とは喚《よ》び声であって、その根底にあるのは仏の大慈悲である。その大慈悲が心底に届くことを真心徹到《しんしんてっとう》という。これは古今変わらぬ、真宗者の目標である。

●『仏説観無量寿経』

次に『観無量寿経』であるが、記述の大半を占めるのが浄土や仏・菩薩を心に観ずる定善《じょうぜん》の観法《かんぼう》であり、経名の由来ともなっている。合わせて、日常における修善《しゅぜん》である散善《さんぜん》が説かれている。表面的には定散二善《じょうさんにぜん》を説いた経に見えるが、その説法の真意を明確に示して下されたのが善導大師《ぜんどうだいし》である。すなわち、定散二善の法は、最後になって説かれる念仏一行《いちぎょう》に収斂《しゅうれん》させる意図を持って説かれた方便《ほうべん》であって、自分には諸行をやり遂げる力があるとうぬぼれている者に、いきなり愚者の法にも似た念仏の一行を説いても、素直に受けとることは難しいので、如実《にょじつ》には成就しがたいことを、徐々に悟らせて、凡夫の自覚に至らしめるために、縷々《るる》、定散二善の法を説いたのだと。このように、経典の真意を明かされたわけである。偏《ひとえ》に善導一師によると宣言された法然上人が、観経《かんぎょう》の定散二善には目もくれず、ひたすら専修《せんじゅ》念仏の実践を顕揚《けんよう》されたのも、このお心にもとづいている。

●『仏説阿弥陀経』

『無量寿経』が「大経《だいきょう》」と呼ばれるのに対応して「小経《しょうきょう》」とも呼ばれている。観経とは対照的に、端的に念仏の一行を説いている点が特徴である。また、浄土に生まれる意義について、この世では煩悩から離れられない凡夫の身も、浄土に到れば、その土徳《どとく》で悟りを得て、清らかな聖衆《しょうじゅ》の仲間入りを果たすことができることが示されている。浄土という世界に願生《がんしょう》する意義と大乗仏教としての面目が示されていて、短いながらも味わい深い経典である。

（**瓜生津隆文**）

●臨済宗

臨済宗の教義の特質の一つが「教えの根本を伝える経典はない」ことです。これは他宗派には見られません。このことを如実に表現しているのが「不立文字《ふりゅうもんじ》」「教外別伝《きょうげべつでん》」「直指人心《じきしにんしん》」「見性成仏《けんしょうじょうぶつ》」の四つの言葉です。そのまま順に口語訳すると「経典や言葉ではなく」「それ以外によって伝えられる真理がある」「自分自身が仏であること」「これを自覚することが悟りへの道である」となります。ただし、お経を読むことを否定しているわけではありません。お経を読むことも禅修行の一つであり、お経を尊ぶ心は他宗派と同様です。一般寺院で読まれる主なお経をあげてみましょう。

●さまざまな機会に読むお経

【本尊回向】『般若心経』と「消災呪《しょさいしゅ》」の二つは本尊にささげます。ただし、長文の『金剛般若経《こんごうはんにゃきょう》』の場合もあります。

【諸供養】よく読まれるのが「大悲呪《だいひしゅ》」です。歴代の祖師、歴代の住職、あるいは檀家の方の供養にも読まれます。冒頭は「ナムカラタンノ」「トラヤーヤー」ですので、「トラヤ」が聞き分けのポイントです。

【行事のはじめと終わり】坐禅会や諸儀式などの最初に読まれるのが「開経偈《かいきょうげ》」、終了時には「四弘誓願文《しぐせいがんもん》」に手を合わせます。

【葬儀】多種のお経が登場しますが、故人の授戒のために今の自分を反省し、仏教への帰依を誓うため「懺悔文《さんげもん》」と「三帰戒《さんきかい》」が読まれます。焼香は「大悲呪」「観音経」（『法華経』の一部）、「白隠禅師坐禅和讃」「延命十句観音経《えんめいじっくかんのんぎょう》」などです。「観音経」では「念彼観音力《ねんぴかんのんりき》」が節々で繰り返されますので、見分けのポイントとなります。

【法事】一般の方の場合は本尊回向、葬儀の焼香のお経や「四弘誓願文」などです。ただし、亡くなった住職の法事の場合は「首楞厳神呪《しゅれんねんじんしゅ》」です。

【地鎮】庫裡《くり》を守護する韋駄天《いだてん》の前では朝晩、「仏頂尊勝陀羅尼《ぶちんそんしんどろに》」が読まれます。土地や建物の地鎮《じちん》でも用います。

【お盆や施餓鬼会《せがきえ》】基本的には「大悲呪」と「開甘露門《かいかんろもん》」の二つのお経で先祖供養をします。

【食事】「十仏名《じゅうぶつみょう》」や「五観文《ごかんもん》」など、食前、食後に読むお経があります。

●宗旨とお経の関係

『般若心経』の「空の思想」は禅の「無の思想」と共通していますが、中国から日本に伝えられた経典で禅宗の宗旨そのものを説いたものはありません。一方、臨済宗中興《ちゅうこう》の祖・白隠禅師が示した「白隠禅師坐禅和讃」のように和文によって禅の教えを讃えたものもあります。読むお経は地方や寺院によって異なることもあります。

（**村越英裕**）

曹洞宗

所依《しょえ》の経典を定めていない

曹洞宗は坐禅を宗旨とする立場から、救いの根拠となる所依の経典を特に定めていません。

このことから、経典を軽視しているかのように思われがちですが、道元禅師は学道の二大条件として、良き師について坐禅に精進《しょうじん》すること、経巻に親しむことの二点をあげておられ、曹洞宗では読誦《どくじゅ》経典があります。

法話のはじまるときなどによく唱えられる「開経偈《かいきょうげ》」には「無《む》上《じょう》甚《じん》深《じん》微《み》妙《みょう》の法は、百千万劫《ごう》にも遭《あ》い遇《あ》うこと難し。我れ今、見聞受持《けんもんじゅじ》することを得たり。願わくは如来真実の義を解《げ》せん」とあります。お経にはこの上なく深い微妙な尊さがあり、何億年の極めて長い時間かかっても遭遇できるものではなく、今、見聞することができるのは本当にありがたいことで、如来の説く真意を会得しようという意味です。

永久岳水《ながひさがくすい》老師は、「読経《どきょう》行《ぎょう》の地位と功徳《くどく》」のなかで、「坐禅や説教が人間の宗教性を育成する原動力となることは勿論《もちろん》であるが、読経の中には他の如何《いか》なる文化方式からも汲《く》みとることのできない不思議な力があって、人間の心の扉をコツコツと叩く」と述べられています。

●主な読誦経典は

曹洞宗の儀式ではさまざまな経典が読誦されます。例えば、『般若経』や『法華経』などの大乗経典、各種陀羅尼《だらに》、『参同契《さんどうかい》』『宝鏡三昧《ほうきょうざんまい》』などの語録、『普勧坐禅儀《ふかんざぜんぎ》』『坐禅用心記《ざぜんようじんき》』『修証義《しゅしょうぎ》』などの宗典《しゅうてん》があげられます。

①『般若経』では『般若心経』『大般若経』など、『法華経』では「如来寿量品《にょらいじゅりょうほん》」「如来神力《にょらいじんりき》品《ほん》」「観世音菩薩普門品《かんぜおんぼさつふもんぼん》」などがよく読誦されます。②前述の大乗経典のほか、『華厳経《けごんきょう》』『維摩《ゆいま》経《ぎょう》』『涅槃経《ねはんきょう》』『遺教経《ゆいきょうぎょう》』『梵網経《ぼんもうきょう》』などは、道元禅師の『正法眼蔵《しょうぼうげんぞう》』と深い関連性があるとされています。③陀羅尼は、悪しきものを捨て、善なるものを保持する力が宿《やど》るとされる、願いを成就《じょうじゅ》する呪文です。「大悲心陀羅尼《だいひしんだらに》」「消災妙吉祥陀羅尼《しょうさいみょうきちじょうだらに》」「仏頂尊勝陀羅尼《ぶっちょうそんしょうだらに》」「大仏頂万《だいぶっちょうまん》行首楞厳陀羅尼《ぎょうしゅりょうごんだらに》」『理趣分《りしゅぶん》』の陀羅尼などがよく用いられます。④『参同契《さんどうかい》』は八世紀の唐代に活躍した石頭希遷《せきとうきせん》禅師の語録で、『宝鏡三昧《ほうきょうざんまい》』は九世紀の唐代に活躍した洞山良价《とうざんりょうかい》禅師の語録です。⑤『普勧坐禅儀』は道元禅師、『坐禅用心記』は瑩山《けいざん》禅師による坐禅の指導書で、夜坐《やざ》（夜の坐禅）などによく読誦されます。⑥『修証義』は、『正法眼蔵』から字を選び、編集された宗典です。⑦「舎利礼文《しゃりらいもん》」は荼毘《だび》の際によく読経します。その他、多くの読誦経典があります。仏に帰依し、仏の教えを信じて行ずる読経や写経には、無量の功徳があるとされます。（**横井教章**）

日蓮宗

●所依の経典は

中国天台宗の開祖である天台大師智顗《てんだいだいしちぎ》（五三八～五九七）は、お釈迦さまが説かれた八万法蔵といわれる数多くの経典を、体系的に分類・整理され、五つの時期に分けました。これを「一代五時《いちだいごじ》」といいます。日蓮聖人《しょうにん》はこの天台大師の意向を踏まえ、さまざまな教えのなかで『法華経』こそが濁悪《じょくあく》の世に住む私たちを救う最高の経典であると位置付けられ、所依《しょえ》の経典とされたのです。

なお、『法華経』の漢訳は「六訳三存《ろくやくさんぞん》」（六種類の漢訳があったが散失し、三種類のみが現存している）といわれ、『妙法蓮華経《みょうほうれんげきょう》』（鳩摩羅什《くまらじゅう》訳）、『正《しょう》法華経』（竺法護《じくほうご》訳）、『添品《てんぽん》法華経』（闍那崛多《じゃなくった》・達磨《だるま》笈多《ぎゅうた》共訳）の三種類があるのですが、日蓮聖人は、このうち鳩摩羅什訳の『妙法蓮華経』が最良であると判断されました。日蓮宗では、日蓮聖人のそのご判断に従って『妙法蓮華経』を所依の経典とし、日々読誦《どくじゅ》しているのです。

●経典読誦について

日蓮宗では、勤行《ごんぎょう》や法要などにおいて、『法華経』二十八品《ぼん》から要品《ようほん》（およそ十品）を抽出して読誦します。なかでも、第二章の「方便品《ほうべんぽん》」、第十六章の「如来寿量品《にょらいじゅりょうほん》」（あるいは「自我偈《じがげ》」）をよく読みます。なお、これらの品々を読誦するとき、木鉦《もくしょう》という仏具を用い、一一文文《いちいちもんもん》に合わせて叩《たた》きます。また、加持祈祷《かじきとう》のときには早くリズミカルに叩き、木剣《ぼっけん》という祈祷仏具も使われます。

●唱題について

日蓮宗においては、経典読誦ももちろん大切ですが、なんといってもお題目「南無《なむ》妙法蓮華《みょうほうれんげ》経《きょう》」を唱えること（唱題《しょうだい》）が命であるといえるでしょう。

日蓮聖人は、「いま日蓮は広《こう》も略《りゃく》も捨てて肝要を好む。それは、上行菩薩《じょうぎょうぼさつ》がお釈迦さまから伝えられた妙法蓮華経の五字である」として、『法華経』の肝要が妙法五字のお題目に集約されていることを明言され、末法《まっぽう》の人々の良薬であると宣せられています。

●日蓮聖人の「御遺文」

鎌倉時代の仏教指導者のなかで、日蓮聖人ほど真筆《しんぴつ》の書が数多く現存している方はなく、その数は断簡を含めおよそ五百点に及ぶといわれています。日蓮聖人が書かれた著作や書簡は、「御遺文《ごいぶん》」または「御書《ごしょ》」「御妙判《ごみょうはん》」と呼ばれます。御遺文には、「三大部」（『立正安国論《りっしょうあんこくろん》』『開目抄《かいもくしょう》』『観心本尊抄《かんじんほんぞんしょう》』）のような教義が述べられた重厚な著作もあれば、弟子や信徒に宛てて書かれた温情あふれるお手紙（消息文《しょうそくぶん》）もあります。日蓮宗では、日蓮聖人の御遺文を大切な聖語と位置付け、その主要な部分を日々の勤行のなかで読んでいます。

（浜島典彦）

行事

天台宗

仏教の行事といえば、節分会《せつぶんえ》、彼岸会《ひがんえ》、花祭り、施餓鬼会《せがきえ》など多くありますが、今回はこの行事をあえて二つに分けて考えてみたいと思います。それは、季節・暦《こよみ》によって定められた行事と、史実によって定められた行事です。

●暦にもとづく行事

このなかで季節・暦によって定められたのは節分会、彼岸会などです。天台宗の持っている仏教観は回峰行《かいほうぎょう》などでも実践されている通り自然との結びつきも深く、その他にも多様な教えを内包しています。

例えば彼岸会について考えてみます。彼岸会のお中日《ちゅうにち》の春分の日と秋の秋分の日は一年に二度太陽が真西に沈みます。そんなことからも西にいらっしゃる阿弥陀様の世界、極楽浄土にまっすぐつながる日として、この前後七日間を昔からご先祖様とのつながりを深める期間、先祖供養《くよう》の好機としてきたのかもしれません。節分会は、季節の変わり目には邪気《じゃき》（鬼）が生じると考えられ、それを追い払うための行事が行われてきました。

●史実にもとづく行事

そして史実によって定められたのが花祭りと施餓鬼会などです。花祭りは「釈迦の誕生」を祝う行事です。そして施餓鬼会の由来はお釈迦様在世当時、お弟子の阿難尊者《あなんそんじゃ》の前に突然一人の餓《が》鬼《き》が現れたことによります。

また、ご本尊様の縁日《えんにち》が毎月定められています。観音様は十八日、お不動様は二十八日などです。ここで思い出していただきたいのは、仏教が伝来して明治までは太陰暦《たいいんれき》だったということです。月のリズムに合わせて仏事も行われていたのです。そう考えますとお釈迦様の誕生日は四月八日ですので上弦《じょうげん》の月、お釈迦様が亡くなられたのは二月十五日ですので満月ということになるわけです。

その他にも天台宗では六月四日に山家会《さんげえ》（伝教大師忌《でんぎょうだいしき》）、十一月二十四日に霜月会《しもつきえ》（天台大師忌）の法要が行われますが、こちらも繰り返す間に季節のめぐりを感じる行事になりました。

●自然のリズムと共に

このように仏事を暦と史実に分けて考えてみましたが、本来、月や太陽の運行といった自然のリズムと仏事・史実が深く関わっております。今後、仏事を行うなかでも仏教の史実に思いをはせると同時に、自然と共にある仏教の世界観もお感じいただければと思います。

（山田俊尚）

真言宗

各寺院共通の主な法会《ほうえ》

真言宗各寺院では、日常的な死者供養や月次《つきなみ》のご祈祷《きとう》のほかにも、年間を通じてさまざまな法会が勤修《ごんしゅう》されています。

まず超宗派の法会としては、例えばお盆・お施餓鬼《せがき》や春秋のお彼岸《ひがん》のほか、お釈迦様の降誕《ごうたん》会《え》・成道会《じょうどうえ》・涅槃会《ねはんえ》（常楽会《じょうらくえ》）、さらに大般若法要《だいはんにゃほうよう》や仏名会《ぶつみょうえ》などがあげられます。また意外に思えるかもしれませんが、僧侶を戒師《かいし》とした結婚式を勤修することもあります。

次に真言宗寺院のみに見られる法会としては、空海のご入定《にゅうじょう》した三月二十一日に、一般の法事にあたる御影供《みえく》が勤修されます（旧暦に合わせる場合もある）。ほかに節分などに凶事をさけるための星まつり（野外の柴灯護摩《さいとうごま》を伴うこともある）や、両部曼荼羅《まんだら》をかけてその諸尊を供養する曼荼羅供養や、死者供養のための砂を光明真言《こうみょうしんごん》で加持《かじ》する土砂加持法会《どしゃかじほうえ》や、在家の人々に仏縁を勧める結縁灌頂《けちえんかんじょう》などが勤修されます。

寺院固有の主な行事

空海当時から続く法会として、東寺灌頂院《とうじかんじょういん》において毎年正月八日から十四日にかけ、真言宗各派の代表者が出仕して勤修する「後七日御修法《ごしちにちみしほ》」は、一宗最大の盛儀を誇る鎮護国家《ちんごこっか》の法会です。

同じく空海に由来する高野山奥之院の「万燈会《まんどうえ》」は、一万の燈明を四恩《しおん》（父母《ぶも》・国王・衆生・三宝）のために献じる法会です。この法会には、空海自身が「虚空《こくう》尽き、衆生尽き、涅槃尽きなば、我が願いも尽きん」と強い意思を込めたことが知られます。

万燈会（高野山奥之院）

他に、空海の生誕地とされる讃岐善通寺《さぬきぜんつうじ》では、ご生誕の六月十五日に大師降誕会《え》が勤修されます。「五大力《ごだいりき》さん」で有名な醍醐寺《だいごじ》の仁王会《にんのうえ》も、鎮護国家の法会です。

後七日御修法に向かう真言宗各派の高僧（東寺）

またこれらとは別に、一般公開されない僧侶の修行に関わる法会（得度《とくど》式・四度加行《しどけぎょう》・伝法灌頂《でんぽうかんじょう》・各種伝授・論義《ろんぎ》法要）などが、各本山で毎年厳修《ごんしゅう》されています。

（**山口史恭**）

浄土宗

御忌会《ぎょきえ》

お寺の行事は、地域の歳時記である。灼熱の太陽が照りつける最も暑い頃、盂蘭盆会《うらぼんえ》（お盆）、施餓鬼会《せがきえ》の諸行事がお寺で繰り広げられ、彼岸花が咲くと、お寺で彼岸法要が営まれる。地域の人々は、お寺の行事（法要）が開筵《かいえん》されて、季節を再確認する。

浄土宗のそれぞれのお寺では、お正月の修正会《しゅしょうえ》（初詣）から、年末の成道会《じょうどうえ》まで数多くの行事が行われている。浄土宗に特徴的な法要のうち、全国の寺院で最も開催されるのが、御忌会《ぎょきえ》である。宗祖である法然上人のご命日は、建暦《けんりゃく》二年（一二一二）正月二十五日、この前後、また地域によっては四月前後の最も季候の良い季節に、数多くの信者が寺の本堂に集い、宗祖への報恩感謝の法要を行う。その入寂《にゅうじゃく》のわずか二日前に「知者のふるまいをせずして、ただ一向に念仏すべし」と浄土宗の奥義をしたためられた「一枚起請文《いちまいきしょうもん》」など、ご法語を念仏、経文《きょうもん》とともに声に出して読み上げる。総本山知恩院など、拍子木《ひょうしぎ》に似た笏《しゃく》と呼ばれる法具を鳴らし、本尊の周りを行道《ぎょうどう》する笏念仏などが営まれるお寺もある。

十夜会《じゅうやえ》・五重相伝会《ごじゅうそうでんえ》

秋の収穫の季節に多く行われる「十夜会」もポピュラーな法要だ。『無量寿経』に説かれている教えにより、十五世紀後半に鎌倉・光明寺《こうみょうじ》（浄土宗大本山）で開かれるようになり全国に広まった。大きな鉦《かね》を二つ合わせた双盤《そうばん》で音頭をとり、独特の節で南無阿弥陀仏と称える双盤念仏（六《ろく》字詰《じづめ》念仏）など、さまざまな形態の法要がある。また、法話の後にお斎《とき》と呼ばれる食事が振る舞われる寺も多い。

他の宗派には見られない特徴的な法要が、数年に一度、場合によっては住職が在任中に数回だけしか開かれないという「五重相伝会《ごじゅうそうでんえ》」である。十五世紀のはじめにこの法要の原型が成立した。五日間（または七日間）にわたり、早朝から夕刻まで、仏道入門にはじまり、お念仏の意味など十数回の法話を集中して聴聞《ちょうもん》し、その間、ひたすら念仏と読経を繰り返す。数多くの僧侶が、その修行の手助けをし、終了したものには、「譽号《よごう》」と呼ばれる戒名が授けられる。念仏修行の道場であり学校である。**（川副春海）**

五重相伝会

お練り供養（誕生寺）

浄土真宗

報恩講《ほうおんこう》

真宗寺院の代表的な行事は報恩講であろう。農繁期の終わる頃から翌年のはじめにかけて、各派の本山（七昼夜）をはじめ、全国各地の寺院、会堂、さらには一般家庭において勤められる。永仁《えいにん》二年（一二九四）覚如上人《かくにょしょうにん》（一二七〇〜一三五一）は、祖師聖人《そししょうにん》（親鸞《しんらん》）の三十三回忌の法要《ほうよう》を営まれた。その開催にあたって『報恩講私記《しき》（式）』を著されたことが名前の由来となっている。

祖師の命日に報恩を旨《むね》とする法要を営むこと自体は、特に真宗に限ったことではないが、蓮如《れんにょ》上人をはじめとする先達によって、明確な意義付けがなされ、伝えられてきた点に特徴がある。すなわち、義理や世間体《せけんてい》を保つための参詣《さんけい》に終わることをいましめ、信心決定《しんじんけつじょう》の身となって、目標を達成することこそが「報恩」といわれる真の意味であるとの懇《ねんご》ろなお諭《さと》しであり、またそのように受けとめられてきた。

その他の行事

報恩講以外の行事を、思いつくままに列記すると、まず元旦に勤まる元旦会《がんたんえ》（修正会《しゅしょうえ》）、春秋二回の彼岸会《ひがんえ》、盛夏の候に勤まる盂蘭盆会《うらぼんえ》、大晦日《おおみそか》の除夜会《じょやえ》などがあげられ、各寺院によって適宜勤められている。仏生会《ぶっしょうえ》（花まつり）を開催する寺院もある（施餓鬼《せがき》は行わない）。

以上は、他の宗派ともほぼ共通するものである。しかしこれも、真宗的な意義付けがなされ、いずれの場合も、通仏教的な行事を助縁《じょえん》としつつ、本願《ほんがん》の心を聞き、味わう聞法《もんぼう》の機会としてとらえる点が特徴である。

これ以外の年中行事としては、降誕会《ごうたんえ》と夏期講座があげられる。降誕会は、通常はお釈迦さまのご誕生を祝う仏生会を意味するが、真宗で降誕会という場合は、宗祖降誕会を意味する。夏期講座は、遠くお釈迦さまの時代からの伝統である夏安居《げあんご》（もとは雨安居《う》）に由来する。気候風土がまったく異なる上に、時代も違うので、行事の意味や内容には大きな差があるが、暑い時期に、各地から集まったお同行《どうぎょう》とともに一定期間、寝食をともにしつつ念仏にひたり聞法に励む体験には、得がたい趣《おもむき》がある。

また、定期的な行事としては、各種の講《こう》の集まりや、ご法義《ほうぎ》もり立ての集いがそれぞれに開かれている。

（瓜生津隆文）

宗祖降誕会

臨済宗

臨済宗の年間行事の基本は二祖三仏忌《にそさんぶっき》です。二祖とは禅をインドから中国へ伝えた達磨《だるま》大師と各寺院の開山さまの命日の法要のことです。

十月五日の達磨忌

達磨大師（没年五三〇？）はお釈迦さまの法を継いだ二十八代目のインドの祖師です。五二〇年頃中国へ渡り、ここから、中国の禅がはじまるため、禅宗では禅の初祖として尊びます。

三仏忌とはお釈迦さまの誕生日である「花まつり」、悟りを開いた「成道会《じょうどうえ》」、亡くなられた「涅槃会《ねはんえ》」のことです。この三つの仏事は他の宗派でも営みますが、それぞれ宗派色が表現されています。臨済宗の場合は次のような意味合いがあります。

四月八日の花まつり

「天上天下唯我独尊《てんじょうてんげゆいがどくそん》」の言葉は禅宗として解釈し、現代語訳をするならば、「すべての人は平等に仏心を持っている」となります。それに気付く方法は坐禅です。

十二月八日の成道会

釈迦出山図《しゃかしゅっさんず》といわれる仏画を飾ります。仏の教えを得るために雪山《せっせん》に入って苦行したお釈迦さまが、自らの道を見いだすために、山から下りてくる様子が描かれています。そして、菩提樹の下で一週間の坐禅をして悟りを開きます。禅宗の修行道場では十二月一日の起床から八日の朝までの一週間を一日にたとえて坐禅の集中修行、臘八大接心《ろうはつおおせっしん》を行います。

●二月十五日の涅槃会

お釈迦さまが亡くなられたときの涅槃図を掲げ、法要を営みます。お釈迦さまの法は摩訶迦《まかか》葉《しょう》、阿難陀《あなんだ》と受け継がれていきます。そして、達磨大師がインドから中国へ伝え、臨済《りんざい》禅師によって臨済宗の名前が起こります。

さらに中国から日本に渡り、応燈関《おうとうかん》の法系が白隠《はくいん》禅師へとつながり、今日に至っています。禅では、師の悟りを弟子が受け継ぎ、また、その弟子へと伝えていく師資相承《ししそうじょう》という方法で法脈を継いでいきます。この法系が途絶えることなく現代に伝わっていることを感謝する意味も込められています。

●他には大般若会《だいはんにゃえ》

唐の三蔵《さんぞう》法師玄奘《げんじょう》が訳した『大般若経』六百巻を正月や五穀豊穣《ごこくほうじょう》祈願などのために転読《てんどく》する法要です。十数人の僧侶で経典を左右と前にパラパラと広げます。大般若会は天台宗や真言宗などの密教系の宗派や曹洞宗などで行われていますが、細部における所作は宗派によって異なります。

（村越英裕）

曹洞宗

● 行事の多い僧堂の一日

僧堂の朝は、暁天坐禅《きょうてんざぜん》（朝の坐禅）からはじまります。振鈴《しんれい》が鳴ると函櫃《かんき》（戸棚）に寝具を収め、後架《ごか》（洗面所）で洗面の後、戻って面壁坐禅《めんぺきざぜん》します。

直堂《じきどう》（僧堂の当番）は警策《きょうさく》（先の平らな木の棒）を持って堂内を巡り、姿勢の歪《ゆが》んだ者を正します。

仏殿《ぶつでん》や法堂《はっとう》では、朝課《ちょうか》、午課《ごか》（日中）、晩課《ばんか》という三時の勤行《ごんぎょう》が定刻に行われます。

行鉢《ぎょうはつ》（食事）は僧堂で行います。応量器《おうりょうき》（僧堂で用いる食器）を包んだ袱紗《ふくさ》の結びを開き、喫食《きつじき》の後、袱紗を包み合掌するまで、詳細な作法があります。

また毎月決まった日に、僧堂念誦《そうどうねんじゅ》、浄髪《じょうはつ》、開浴《かいよく》、月忌《がっき》などが行われます。

● 主な年中行事

次に主な年中行事を紹介します。

①三仏会《さんぶつえ》は、釈尊の生涯を尊び、行われる行事で、涅槃会《ねはんえ》（二月十五日）、降誕会《ごうたんえ》（四月八日）、成《じょう》道会《どうえ》（十二月八日）を指します。涅槃会は釈尊の入滅を偲《しの》ぶ法会、降誕会は釈尊の御誕生を祝う法会、成道会は釈尊の大悟を尊ぶ、報恩の法会です。成道会にちなみ、修行道場では、十二月一日か

ら八日までを「臘八接心《ろうはつせっしん》」といい、坐禅三昧の行に精進します。

僧堂での食事前の礼拝

首座法戦式の問答

②両祖忌《りょうそき》（九月二十九日）は、曹洞宗を開かれた道元禅師と発展の礎《いしずえ》を築いた瑩山《けいざん》禅師の祥月命日《しょうつきめいにち》が、太陽暦だとこの日にあたり、両祖の偉大な徳を讃《たた》える法会です。

③達磨忌《だるまき》（十月五日）は、インドから中国へ禅を伝えた達磨大師を供養する法会で、坐禅会などが開かれることもあります。

他に開山和尚の遺徳を偲ぶ開山忌《かいざんき》、盂蘭盆会《うらぼんえ》、施食会《せじきえ》、彼岸会《ひがんえ》、大般若会《だいはんにゃえ》などが行われます。

また特別な行事として、授戒会《じゅかいえ》、得度式《とくどしき》、法戦式《ほっせんしき》、晋山式《しんざんしき》があります。授戒会では戒を受け、仏弟子となり「血脈《けちみゃく》」を授かります。得度式は僧侶の仲間入りをする、法戦式は結制《けっせい》（多くの僧が集まり修行する期間）中に、首座《しゅそ》（修行僧の先頭に立つ役職）が住職に代って修行僧と問答を交《か》わす、晋山式は新たに任命された住職が寺に入る儀式です。

（横井教章）

日蓮宗

日蓮宗では、お釈迦さまに関わる花祭りなどの聖日や、彼岸《ひがん》や盂蘭盆《うらぼん》、施餓鬼《せがき》といった仏教行事のほか、日蓮聖人《しょうにん》に関わる出来事――降誕・立教開宗《りっきょうかいしゅう》・入滅《にゅうめつ》（お会式《えしき》）・四大法難《ほうなん》（松葉《まつば》ケ《が》谷《やつ》・伊豆《いず》・小松原《こまつばら》・龍口《りゅうこう》の各法難）などを聖日としたり、『法華経』守護の諸尊の縁日《えんにち》にさまざまな行事を催しています。

● 降誕会《え》

貞応《じょうおう》元年（一二二二）二月十六日、安房国《あわのくに》小湊《こみなと》（現在の千葉県鴨川市）に日蓮聖人が誕生されたことを祝って催されます。

● 立教開宗会

建長《けんちょう》五年（一二五三）四月二十八日、清澄山上《せいちょうさんじょう》でお題目《だいもく》を高らかに唱えられた日を立教開宗の日としています。

● お会式

日蓮聖人は弘安《こうあん》五年（一二八二）十月十三日辰《たつ》の刻（午前八時頃）、六十一の生涯を武蔵国池上《いけがみ》（現在の東京都大田区池上）で閉じられます。その遺徳《いとく》を偲《しの》び、全国の末寺では十月や十一月にお会式を奉行します。殊《こと》に、池上本門寺では、前日の十二日の夜（お逮夜《たいや》）に百基を越す万灯《まんどう》練《ね》りで大いに賑《にぎ》わいます。

●四大法難会

日蓮聖人の生涯は、迫害の連続でありました。特に次にあげる四箇《しか》の法難会《え》を開いて遺徳を偲ぶのです。①松葉ヶ谷《やつ》法難会……文応《ぶんのう》元年（一二六〇）八月二十七日、『立正安国論《りっしょうあんこくろん》』上申の約一ヵ月後、鎌倉松葉ヶ谷の草庵《そうあん》を焼き討ちされる。②伊豆法難会……弘長《こうちょう》元年（一二六一）五月十二日、伊豆川奈《かわな》へ流刑《るけい》される。③小松原法難会……文永《ぶんえい》元年（一二六四）十一月十一日、安房国東条松原《とうじょうまつばら》の大路で東条景信《かげのぶ》らに襲撃され、弟子と檀越《だんのつ》（信徒）の二人が殉死、ご自身も額《ひたい》に重傷を負われる。④龍口法難会……文永八年（一二七一）九月十二日、平頼綱《へいのよりつな》に捕らえられ斬首の危機を迎えるも、これを免《のが》れ佐渡へ流刑される。

お会式（池上本門寺）

●『法華経』の守護神の大祭

『法華経』守護の善神《ぜんじん》をまつる寺々、例えば鬼子母神《きしもじん》（雑司ヶ谷《ぞうしがや》・入《いり》谷《や》）、妙見菩薩《みょうけんぼさつ》（能勢真如寺《のせしんにょじ》）、清正公《せいしょうこう》（熊本本妙寺《ほんみょうじ》）、帝釈天《たいしゃくてん》（柴又題《しばまただい》経寺《きょうじ》）、摩利支天《まりしてん》（御徒町《おかちまち》徳大寺）などでは、それぞれの縁日に大祭が催されています。

（浜島典彦）

葬儀

天台宗

●仏性を信じる

葬儀を行う際に先ず念頭においていただきたいことは、『大般涅槃経《だいはつねはんぎょう》』に出てくる「一切衆生《いっさいしゅじょう》　悉有仏性《しつうぶっしょう》」という教えで、これは「誰もが皆、仏になる性質を持っている」という教えです。子供にも大人にも、どんなに悪いことをした人にでも、必ず仏になる性質があるというのです。文にしてみれば簡単なことですが、これを実際信じ、実践するのは大変なことでしょう。ですから臨終の際、いかにこの「一切衆生　悉有仏性」を強く信じることができるかが大切なのです。

●三種の葬儀

天台の葬儀には三つの種類の法儀《ほうぎ》があります。それは『法華経《ほけきょう》』を中心にした「法華懺法《ほっけせんぼう》」、『阿弥陀経』を中心にした「例時作法《れいじさほう》」という二つの顕教法要《けんぎょうほうよう》と、「光明供《こうみょうく》」という密教法要を合わせた三つです。「法華懺法」は六根《ろっこん》を懺悔《さんげ》して清浄《しょうじょう》にし、仏性を引き出そうというものですし、「例時作法」は『阿弥陀経』に書かれている極楽へ私達を導くものです。私達に仏性があるからこそ、臨終の際に正念《しょうねん》すれば阿弥陀仏に引接《いんじょう》せられて、仏の世界「極楽」に往かれることを説いています。

「光明供」は密教の法儀です。密教では「一切衆生の身《しん》・語《ご》・意《い》（三業《さんごう》）と、仏の身・語・意（三密《さんみつ》）は畢竟《ひっきょう》平等なり」と説かれています。つまり、仏と衆生は究極的には同じものであるというのです。

●「南無《なむ》」の意義

葬儀で皆様に「南無《なむ》阿弥陀仏」とお唱え頂くことも多くありますが、この「南無」という語意に注目させていただきます。実はこの「南無」というのはサンスクリット語の音写であり、漢字にはあまり意味がありません。「南無」の意味は「帰命《きみょう》」ということです。

帰命をどう解釈するかはすごく大切なことだと思いますが、そのまま読めば「いのち帰る」ということになります。「いのち帰る阿弥陀仏」と読めるわけです。もう少し解釈を加えれば、仏性が本来の自分の性質であれば、阿弥陀仏は私達の仏性の鏡ともいえるわけです。つまり「南無阿弥陀仏」は「この命を本来の自分の性質に帰します」とも読めるのかもしれません。

葬儀は私達の命の本来の性質が仏であることを思い出し、故人をその仏が住まう場所にお見送りする儀式と考えられるのです。ですから、葬儀が私達の仏の性質が現れるのに相応しいものであるように心がけましょう。

（**山田俊尚**）

真言宗

葬儀の目的は

真言宗における葬儀の一番の特色は何かといえば、僧侶が故人の師匠として、つまり導師として故人を仏道に引き入れ、無事に成仏へと導く引導《いんどう》作法にあるでしょう。同じ真言宗でも、流派の違いはもちろん、地域ごとの習俗、またその会葬の規模等によりさまざまではありますが、引導作法が最も大切であることは一様に共通します。

この作法は、真言僧にとって最も重要な儀式である伝法灌頂《でんぽうかんじょう》を下敷きに構成されています。すなわち導師は阿闍梨《あじゃり》として、自身が師匠に導かれたときと同様に、受者たる故人の仏性《ぶっしょう》(本来誰しもに備わっている清浄《しょうじょう》なる仏種《ぶっしゅ》)を開花させ、即身成仏《そくしんじょうぶつ》へと導くのです。その上で、仏となった故人を大日如来の世界、すなわち曼荼羅《まんだら》にほかならぬ密厳浄土《みつごんじょうど》(あるいは都率《とそつ》浄土)へとお送りします。以下に、このような考え方にもとづく引導作法の流れを大まかに示して、その特徴をあげてみます。

引導作法は

葬儀がはじまると、導師ははじめに仏様に礼拝《らいはい》し、坐ります。しばらくして、散杖《さんじょう》と呼ばれる棒を振って、浄化した水を故人・会場に降り注いで浄《きよ》めます。以下導師は、故人が生きているかのように観念しながら、故人とのやりとりを通じて厳粛に授戒《じゅかい》と灌頂を行います。

前半は出家の儀式です。成仏の前提として、まずは仏門に入ってもらわなければなりません。故人は順次、髪を剃《そ》られ（実際に切ることは少ない）、導師の言葉を復唱しながら生前の行いを懺悔《さんげ》し、仏に帰依《きえ》して仏弟子《ぶつでし》となります。続いて故人は仏弟子として守るべき戒を授けられ、大日如来の悟りの世界へ入る誓願《せいがん》を起こし、仏弟子としての名前（お戒名）を授けられます。

後半は真言宗ならではの灌頂儀式です。導師は、故人に向けて、まず散杖を使って大日如来の智慧の水を授けます。次にその体現のために、決して壊れることのない智慧を象徴する五鈷金剛《ごここんごう》杵《しょ》という法具を授けます。この五鈷金剛杵を導師が合掌中にはさみ、故人に授ける所作《しょさ》をしたならば、間違いなく真言宗の引導作法と考えていいでしょう。さらに成仏を確固たるものにするため、さまざまな印と真言、分けても大日如来の秘印と真言を授け、故人の成仏が果たされます。

そして最後に導師は、真言宗において代々相承《そうじょう》され続けてきた弟子の系譜（血脈《けちみゃく》）に故人が連なったことを告げ、密厳浄土への旅立ちを確かに見送るのです。

以上が引導作法ですが、さらにその前後に、仏様を讃える声明《しょうみょう》や『理趣経《りしゅきょう》』を唱えて、その功徳《くどく》を故人の成仏へと手向《たむ》けるのです。

（山口史恭）

浄土宗

極楽浄土への旅立ちとして

人の死は、重大な事件である。愛するものの死は、往《い》くもの、残されるもの双方にとって、担《にな》いきれないほどの大きな意味を持つ。日本の浄土教は、その存在理由をかけて、人の死を極楽浄土への旅立ち、「浄土往生」ととらえた。

総本山知恩院《ちおんいん》に「早来迎《はやらいこう》」と称される絵図がある（「二十五菩薩来迎図」）。阿弥陀如来が多くの菩薩とともに紫雲《しうん》にのり、臨終を迎える念仏者を極楽に導く相を描いている。左上にやや前かがみになった弥陀が描かれ、右下には草庵で臨終念仏を称《とな》える僧がいる。遙かに遠い（十万億土《ど》の）極楽に、急ぎ迎え導こうとする弥陀の願いがそこに強烈に描かれている。日本人の心の奥には、こうした死生観、死んで彼岸にいたり、「ほとけ」となるという他界観が基調音となって響いている。死者はほとけとなって人を超え、崇拝の対象ともなった。死は穢《けが》れであり忌《い》みであるという日本古来の死生観からの、歴史的な大転換であった。

極楽へ導く明かり、下炬《あこ》

浄土宗の葬送儀礼は、こうした生死についての心の構造を色濃く反映している。臨終を迎え、枕経《まくらぎょう》と呼ばれる儀礼が執行される。ここでは、死者に向かい、罪を懺悔《さんげ》し、仏法僧《ぶっぽうそう》の三宝《さんぼう》に帰依する経が読まれ、念仏者としてのいわば最期の承認が与えられる。

通夜を経て、本葬では「引導《いんどう》」という作法がコアとなる。ほとけとしての名前（戒名）が授与され、死出の旅路を迷うことなく極楽へたどるための導きの言葉である。また葬儀には「下炬《あこ》」というたいまつを模した法具で、円相を描く儀礼がある。これもまた、暗い道を弥陀に引かれて、独り極楽へと向かう明かりを象徴する導きの火である。

●臨死体験の風景と呼応

死についての学問、一連の「臨死体験」についての事例には、多くの共通したものが含まれる。例えば、生死を隔てる川、その向こう側の見るも珍しい美しい風景、まばゆい光の存在など。私たちは、仏教、特に浄土教が説く西方浄土への往生、それを形式化した葬送儀礼の構造が、臨死体験の「臨終の風景」と呼応していることに、葬送儀礼の現代的な意味を見いだす。

また、伝統的な家族の崩壊が進む現代日本では、個人主義の進展と相まって、家族の関わり、血縁の絆《きずな》が薄れた。そこにあって、家族の「死」、家族の「不在」の確認である臨終とその看取り、葬送の儀礼こそ、家族の恢復《かいふく》の場ではないか。死者（＝ほとけ）に寄り添って後生《ごしょう》の安穏を願い、駆けつけた家族の縁を確認し、自らの命の行く末を真に見つめる家族固有の場ではないか。

（川副春海）

浄土真宗

読経の意義

僧侶がお経を読む姿に、国や宗派による違いは特にないが、その意味合いは、それぞれに異なっている。他力廻向《たりきえこう》を旨とする真宗においては、通常とは方向性がいわば反対である。すなわち一般的に読経《どきょう》は、悟りに向かって自らが徳を植える行為であり、さらには他者に功徳《くどく》を廻向《えこう》する（振り向ける）行為として行われる。真宗でも、信心決定《しんじんけつじょう》の上は、功徳を施す側の行為にも参加することになるが、今はそれには触れないでおく。

葬儀における読経も、僧侶から亡き人への廻向という文脈で語られることが多い。しかし真宗では、読経は、お釈迦さまの説法である経を聞くということが根本の意義とされる。勤行《ごんぎょう》に参加する場合も、ただ拝聴する場合も、読経の声として再現されたお釈迦さまの説法を聞くという姿勢が重要といえる。ただし葬儀の場合は、お経ではなく、親鸞聖人《しんらんしょうにん》の作である「正信偈《しょうしんげ》（正信念仏偈）」と「和讃《わさん》」を唱えることが多い。この場合は、経典の意味をかみ砕いてお伝え下さる聖人の心の声を聞かせていただくのである。聞法《もんぼう》ということは、何も説教を聞くこととは限らない。

いずれにせよ、亡き人への廻向とか、引導《いんどう》とかいうこととは、無縁であって、近しい人の死を縁として、普段は忘れがちな無常というきびしい現実をかみしめ、厳粛な雰囲気のなかで法に触れることのできる聞法の機会と受けとめるのである。ちなみに、中陰法要《ちゅういんほうよう》や年忌《ねんき》法要も、同様の趣旨で行われている。

●葬儀式の次第

本願寺派の規範を例に、自宅での葬儀の流れを追ってみると、まず仏壇の前で出棺《しゅっかん》勤行が行われる。かつては土葬が一般的であって、葬列を組んで墓地まで遺骸を運び、そこで葬儀が行われた。自宅を出発（出棺）する前に、仏前にてお礼の意をこめて勤行を行った。出棺勤行が終わると、導師・結衆《けっしゅう》は席を改め、同じく阿弥陀如来を本尊とする葬儀壇の前で勤行を行う。こちらは葬場《そうじょう》勤行と呼ばれる。いずれも呼び方は、古式の名残《なごり》ということになる。同じ会場内に、二幅の本尊が掛けられて、それぞれに勤行がなされるのは、一見奇異に思えるが、以上のような縁由《えんゆ》による。

なお、授戒《じゅかい》に相当する儀式は行わない。生前に帰敬式《ききょうしき》（おかみそり）を受けて法名《ほうみょう》を授かり、仏弟子として歩んでいることが、葬儀を行う前提だからである。やむなく、生前に受けられなかった場合は、形式的な「おかみそり」を行っているが、在家のままの救いであるから、いわゆる「剃髪《ていはつ》の儀」とは、意味合いが異なっている。世のなかの変化が著しく、現実とのせめぎ合いもあるが、儀礼のなかにこめられた心は、失いたくないものである。

（瓜生津隆文）

臨済宗

臨済宗の葬儀は『小叢林清規《しょうそうりんしんぎ》』（一六八四年成立・無着道中《むじゃくどうちゅう》著）を規範としています。歴史的にいえば、在家用の葬儀は江戸時代になってから整備され、僧侶用の葬儀を転用したものです。

●在家葬儀の骨格

一般の方の葬儀は僧侶が出家時に行う「授戒《じゅかい》」と死亡時に営む「葬儀」の主要儀式の組み合わせによって成り立っています。もう少し、具体的にいえば、①出家する（剃髪《ていはつ》する）。②仏弟子となり戒名が授与される。③導師の引導《いんどう》により悟りに導く。この三点が葬儀儀式として営まれています。

つまり、剃髪し、僧侶となって出家し、仏法僧《ぶっぽうそう》の三宝《さんぼう》に帰依し、五戒を守ることを誓うことにより、戒名をいただくのです。この過程は「禅僧が出家し、僧名（戒名）を受け、老師と師弟関係を結び、修行をし、悟りを開くこと」と重ね合わせることができます。

ただし、葬儀の場合は亡くなった方は修行することはできませんので、導師の引導により、悟りへと導きます。

●引導の意味

導師によって唱えられる引導は主として、「故人の生き方、人となりや信条」「禅の教え」「悟りの境地」の三つの部分から構成された漢詩です。実際は漢文の書き下しのような和漢混淆文《わかんこんこうぶん》で読まれ、最後に「喝《かつ》」と叫ぶことに特徴があります。

この「喝」は唐の時代の禅宗がはじまりだといわれ、当時の禅僧たちは、文字や言葉にとらわれることなく、弟子たちに仏法を伝えるために、あれこれ説明せずに「喝」の一声を用いたことによるといわれています。特に有名なのは臨済宗の宗派の名前の由来となった臨済禅師の喝です。葬儀中、大声で発せられる「かーつ」には「不立文字《ふりゅうもんじ》」「教外別伝《きょうげべつでん》」の意味、言葉では表現できない悟りの世界が含まれています。

●「喝」以外の見分け方

葬儀中には「チン・ボン・ジャラン」と音の出る仏具（鳴らし物）が登場します。順に引鑿《いんきん》、太鼓（平太鼓）、繞鉢《にょうはち》（シンバルに似ている）です。

また、秉炬《ひんこ》の儀といって、死者を火葬する儀式があります。松明《たいまつ》（松明に火がついたものを象徴するもの）を用います。ただし、この二つの作法は他の宗派においても類似のことが行われています。

また、浄土系の特徴である「南無阿弥陀仏」や、日蓮系の「南無妙法蓮華経」を唱えることはありません。しかも、引導において必ず「喝」が叫ばれるわけではありませんので、「喝」がない場合、儀式を見ていただけでは宗派名を判別することはかなり難しいといえます。

（村越英裕）

曹洞宗

仏弟子になる

葬儀は故人との別れの儀式であり、ありし日の面影を偲《しの》び、冥福を祈る厳粛な儀式です。曹洞宗の葬儀の特徴は、釈尊涅槃《ねはん》時の因縁を尊び、故人が「結縁授戒《けちえんじゅかい》」を受けて、成仏を願い、仏弟子になる点です。また導師は「引導法語《いんどうほうご》」により故人へ語りかけ、仏道へ導き、仏の世界へ送ります。鼓鈸《くはつ》を打ち鳴らし、経文を読誦《どくじゅ》し、仏の名を念じ、故人の仏道を讃《たた》えて送ります。

道元禅師は『正法眼蔵《しょうぼうげんぞう》』「道心」の巻で、臨終時、中陰《ちゅういん》の間も怠《おこた》らず三宝称名《さんぼうしょうみょう》に専念すれば、十方の諸仏の慈悲により天上に生まれて仏を拝み、仏の教えを聞くことができると説いています。曹洞宗では、「南無帰依仏《なむきえぶつ》、南無帰依法《なむきえほう》、南無帰依僧《なむきえそう》」という三宝称名と、「南無釈迦牟尼《なむしゃかむに》仏《ぶつ》」がお念仏とされます。葬儀でもお称《とな》えします。

葬儀の前には、臨終の儀礼、枕経《まくらぎょう》、葬儀の準備、通夜があります。死者に着せる衣装を死装《しにしょう》束《ぞく》といいます。例えば、白衣《びゃくえ》、数珠《じゅず》、白足袋《しろたび》、草鞋《わらじ》、頭陀袋《ずだぶくろ》、手甲《てっこう》、脚絆《きゃはん》、笠、杖などがあります。通夜では、遺族・近親・縁者等が死者の枕元に集まり、菩提寺に読経を請い、冥福を祈り、故人の想い出話等をして弔《とむら》います。

●葬儀の内容

葬儀は主に内諷経《うちふぎん》、告別式、山頭《さんとう》の儀式から成り立っています。入龕《にゅうがん》から挙龕《こがん》（出棺）までを内諷経といいます。龕前剃髪《がんぜんていはつ》の作法を行い、戒を授け、念誦読経《ねんじゅどきょう》で内諷経は終了し、次に告別式になります。差定《さじょう》（式次第）の順序は多少前後することがありますが、告別式では、開会式、導師引導、弔辞、弔電披露、読経中焼香、遺族謝辞、最後のお別れ、出棺があります。葬儀、告別式は続いて行われることが少なくありません。導師引導の際には、導師が法炬《たいまつ》という法具を使用します。法炬の代わりに線香を用いることもあります。土葬の際には钁子《くわ》が用いられることもあるようです。

山頭の儀式では、棺を親族、縁者がかつぎます。山頭とは山門頭の略称とされ、山門と本堂の間の庭を指しています。従来、曹洞宗の住職の葬儀では、山門頭に四門を設けて三回廻ったといわれていますが、現在は本堂内で行われることもあります。地域によっては、在家の葬儀でも出棺の際に棺をまわす風習があります。鼓鈸の鼓《く》は、小さい太鼓で、鈸《はつ》は円盤状の両辺を両手で合わせて打ち鳴らす法器で、鐃鈸《にょうはち》ともいいます。またさまざまな葬具が用いられます。その背景には多様な死者への観念があるようです。

葬儀は、家の仕来《しきた》りや地域共同体の伝統的な慣習も伝えており、社会性に富む儀式と考えられます。

（横井教章）

日蓮宗

葬儀の特色

日蓮宗の葬儀の特色は、僧侶と遺族が共にお題目「南無妙法蓮華経」を唱えて、お釈迦さまが常にまします「霊山浄土《りょうぜんじょうど》」へと故人を送り出すこと、この一点に尽きます。故人が霊山浄土に往《い》くことは「霊山往詣《おうけい》」と呼ばれます。この霊山往詣こそ、日蓮宗の葬儀の目的にほかなりません。

霊山とは、お釈迦さまが『法華経』を説かれた聖地「霊鷲山《りょうじゅせん》」（インド・ラジギールの地に実在する山）のことですが、日蓮聖人《しょうにん》はこの霊鷲山を、単に地理的に存在する山としてではなく、『法華経』を信仰する者が往く究極の浄土とされているのです。霊山浄土へと往き（霊山往詣）、お釈迦さまに面奉《めんぶ》する唯一の条件は、『法華経』を信じ、お題目を受け持《たも》つことにあるとされています。

日蓮聖人が逝去《せいきょ》される前年の弘安四年（一二八二）十二月八日、夫と子供を亡くした女性の信徒に手紙を宛てられています（『上野殿母尼御前御返事』）。その末文には、「私自身、もはや長くはこの世にいないでしょう。きっと近いうちに霊山浄土で七郎五郎殿《どの》（その女性の子供のこと、十五歳で逝去）とお会いすると思います。あなたより先にお目にかかったら、母上がどれほど嘆き悲しんでいるかということをお伝えいたしましょう」と綴《つづ》られています。

日蓮聖人は信徒の死を眼前にし、悟りすましたように「諸行無常《しょぎょうむじょう》」といい放つのではなく、共に悩み、共に涙し、残された生者には安心立命を与え、逝《い》った者、逝く者には「共に霊山浄土に詣《もう》でて、三仏（お釈迦さま・多宝如来《たほうにょらい》・十方分身仏《じっぽうふんじんぶつ》）のお顔を拝見しよう」と呼びかける心温かな方でありました。

葬送の次第

私たち日蓮宗の僧侶は、日蓮聖人の信徒に対するこの思いを手本として、通夜《つや》・葬送を行うのです。故人が、霊山浄土にいらっしゃるお釈迦さまのもとへ確かに往詣できるようにという強い思いをこめて、通夜と葬送の次第を奉行《ぶぎょう》するのであります。

それにはまず、葬送の会場を『法華経』の会座《えざ》（『法華経』が説かれる聖なる空間）とするため、お釈迦さまをはじめとする仏・菩薩・善神《ぜんじん》の方々に来臨《らいりん》していただくために、お曼荼羅《まんだら》を掲げます。

その上で、故人が霊山浄土へと向かえるようにと、『法華経』の主要品《ほん》（「方便品《ほうべんぽん》」や「如来寿量品《じゅりょうほん》」「如来神力品《じんりきほん》」など）を読誦《どくじゅ》し、追福《ついふく》のお題目をたくさん唱えます。

そして、引導《いんどう》文で、「『法華経』への信仰を持つことで霊山往詣は疑いない」ということを述べ、故人（否、遺族など生きている者も含めて）への安心立命を与えるのです。


（浜島典彦）

仏具

一般の仏具

●香炉《こうろ》

置香炉《おきごうろ》、柄香炉《えごうろ》、象香炉《ぞうこうろ》の三種類に大別され、形状や大きさはさまざまである。先ず、置香炉は最も一般的なもので机上に置いて、線香や抹香を焚くもの。柄香炉は柄のついた小型の香炉で僧侶が野外で法会《ほうえ》を行なうときや立礼のときに両手にささげて用いるもの。象香炉は象の形をしたもので、その上をまたいで身を清めるもので、授戒会《じゅかいえ》など重要な儀式のときに用いられる。

香炉は花を挿す華瓶《けびょう》（花瓶）、ロウソクを立てる燭台《しょくだい》と合わせて三具《みつぐ》足《そく》、さらに花瓶と燭台を二つずつの対にして五具足と呼ばれて重視されている。三具足は必要最低限、かつ必須の仏具で、これさえあれば法要などを営むことができる。

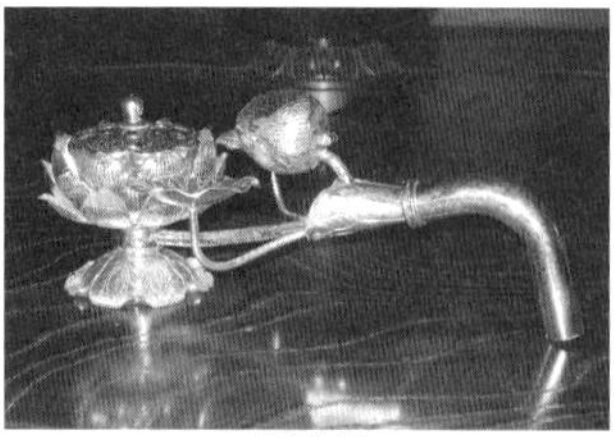

柄香炉

●木《もく》魚《ぎょ》

木魚はどこの寺院にもある仏具で、もとはこれを叩いて人を集める道具だったが、後に読経の音調を整えるための仏具となった。

木魚と魚の関係については諸説あるが、昔、中国人は魚が四六時中、目を閉じないことに気付き、魚は夜も昼も眠らない勤勉な生き物であると考えた。

そこで魚の形をした鳴り物を作って読経中の居眠りや怠惰を戒《いまし》めたのである。現在見られる木魚は魚の形をしていないが、表面の一部には鱗《うろこ》模様を彫り、魚の片鱗を留めている。

また、京都府宇治市の黄檗宗《おうばくしゅう》の大本山萬福寺《まんぷくじ》には「魚梆《かいばん》」と呼ばれる魚そっくりの形をしたものがあり、これを叩《たた》いて食事の時間などを知らせている。

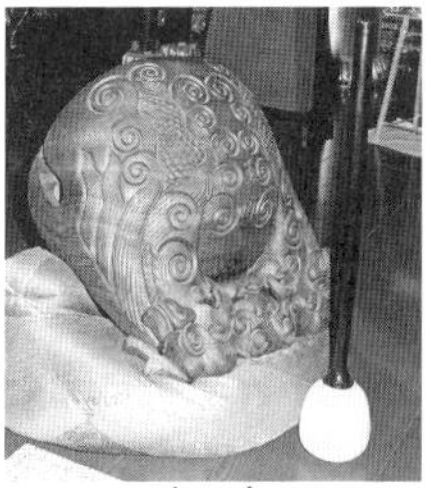

木　魚

●磬《けい》子《す》

木魚とともに読経のリズムを整える仏具が磬子である。もともと磬と呼ばれる扁平扇形の古代中国の石製の楽器で、祭事など宗教的な用途で使われたものである。これがしだいに変化して椀形のものになったという。

大きさはどんぶり鉢ぐらいのものから、直径一メートルほどもあるものまでさまざまで、これを小型にしたものが、一般家庭でも使われている「お鈴《りん》」である。

また、いまでも寺院では扇型の磬が使われており、これを撞木《しゅもく》で叩いて読経のリズムをとる。

磬　子

●払《ほっ》子《す》

昔、インドで蚊やハエなどをはらうために用いる実用的な道具だったといわれている。これが中国に伝えられると、法要のときなどに威儀を正す仏具として重んじられるようになった。

中国ではしだいに払子を持つのは法要の導師をつとめる長老格の僧侶に限られるようになり、払子を持つことのできる僧侶の職を秉払《ひんぽつ》と呼び、秉払になることは僧侶として非常に名誉なことだった。

日本には早くから伝えられていたが、鎌倉時代に禅宗が伝来すると一躍脚光を浴びることになった。禅宗では大きな法要や問答のときに老僧が持つ不可欠の仏具となり、これが禅宗以外にも広まった。現在でも葬儀や大きな法要のときには、導師が必ず払子を手に

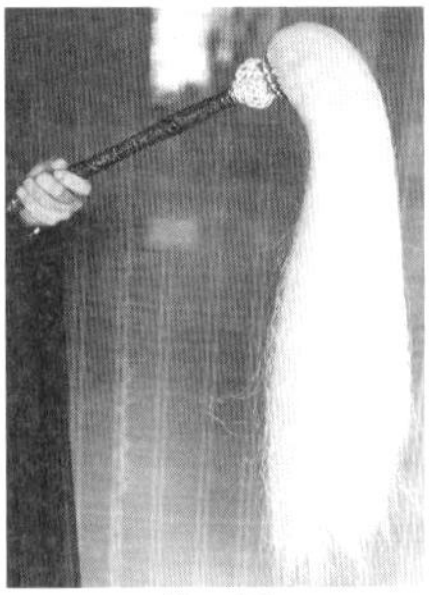
払　子

している。ただし、浄土真宗では払子は用いない。

●如意《にょい》

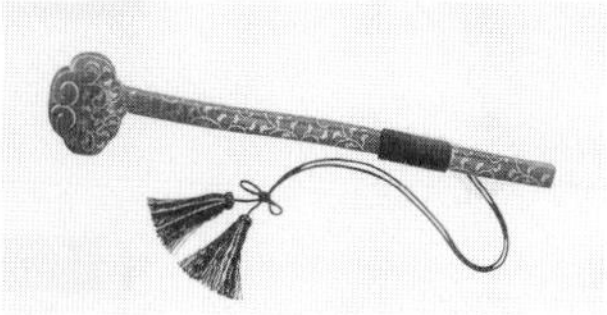
如　意

如意も起源はインドにあり、もとは修行僧たちが孫の手として使っていたものだという。意のままに痒《かゆ》いところに手が届くことから、「如意」と呼ばれるようになった。これが中国に伝わって、払子と同じように老僧が威儀を正すのに用いるようになり、特に禅宗では欠かすことのできない仏具となった。

孫の手そっくりの形に作られた木製の簡素なものから、漆塗りに螺鈿《らでん》などの装飾を施した豪華なものまである。禅宗の高僧の肖像などは如意か払子のどちらかを持つ。如意も払子と同様、高僧の証なのである。

●念珠《ねんじゅ》

在家の人にも馴染みが深い仏具である。その起源についてはハッキリしたことは分からないが、キリスト教やイスラム教でも使われ、インド以西で発生したものとも考えられている。

数珠玉の数は煩悩の数と同じ一〇八個にするのが基本だといい、これを擦《す》り合わせることによって煩悩が消えるとも考えられている。ただ、実際にはその半分の五四個、さらに半分の二七個の数珠が一般的である。数珠の使い方は宗派によっても異なるが、一般には葬儀や法要などのときに両手にかけて用いる。

また、浄土系の宗派では数珠で念仏の数を数えるという方法が普及した。これは中国の道綽《どうしゃく》（五六二〜六四五）という人が考案したとされるもので、念仏を一回となえるたび数珠の玉を一つずつ繰《く》っていくのである。この方法は日本にも伝えられ、鎌倉時代ごろからはピンポン玉ほどの玉を連ねた長さ二十メートル以上もある大数珠を大勢の人が繰《く》っていく念仏会が盛んに行われるようになった。

念　珠

●天《てん》蓋《がい》

もともと強い日差しを避けるためのパラソル（日傘）で、そのルーツはエジプトやペルシャにあると考えられている。これらの地域では王侯貴族に差し掛ける豪華な日傘が造られ、これが権威の象徴ともなった。この天蓋（日傘）がインドに伝えられ、やがて仏教に取り入れられて仏像の頭上に差し掛けられるようになった。

日本の寺院で見られる天蓋は、金属製のものや木製のものが多く、その形も方形や六角形、八角形、円形などさまざまなものがある。また、さまざまな彫刻が施され、なかには螺鈿《らでん》や宝石などをちりばめた豪華なものもある。天蓋は本来、仏像の真上に差し掛けるのだが、お堂のスペースの関係などから、外陣《げじん》にずらして吊るしている。現在、一般の寺院では、仏像の上ではなく本堂の中央に吊るされて本堂の荘厳《しょうごん》（装飾）になっていることが多い。

ところで、日本では大きな法要などで僧侶が移動するときに、特大の番傘《ばんがさ》が差掛けられる。これも天蓋で、ふつう朱塗りの和傘が用いられる。これは江戸時代ごろから定着した日本独自の風習と思われる。

天蓋と須弥壇

●須弥壇《しゅみだん》

仏教では世界の中心には須弥山《しゅみせん》というとてつもなく高い山がそびえているといい、仏はその山のはるか上方にいて、教えを説いていると考えられている。そこで、本堂の中央に須弥壇という壇を設け、その上に本尊仏を安置するのである。この須弥壇は須弥山をかたどったものだといわれている。

須弥山は上部からいくつもの層に分かれているといわれていることから、須弥壇もふつうの机のように側面を平板にせず、大きさの違う厚板を重ね合わせたようにいくつもの段をつける。伝統的には十六段にするのが正式須弥壇であるといわれている。

●曲《きょく》彔《ろく》

曲彔は僧侶が座る椅子のことで、鎌倉時代のはじめ、禅宗とともに大陸から伝えられた。鎌倉時代には寺院の本堂には畳が敷かれ、正座して読経などをするのが一般的だったが、禅宗では当時の中国の建築様式をそのまま採用したため、堂内は土間か石敷きになっていた。そこで、読経や法要も中国式に立って行われ、導師は曲彔に座って威儀を正した。また、問答のときに、老師が曲彔に座って応じた。そして、時代が下ると禅宗以外の宗派でも曲彔を用いるようになった。

曲　彔

曲彔の基本的な構造は、現在も講堂や体育館で使われているスチール製の折り畳み椅子と同じだ。骨組の部分を曲線的にして朱か黒の漆塗りにしたものである。桃山時代以降には金の金具を取り付けたり、蒔絵《まきえ》を施した豪華な曲彔も作られるようになった。

（瓜生　中）

密　教

●密教法具の役割

真言宗や天台宗のお堂に入ると、薄暗い内陣《ないじん》の、本尊正面の大壇《だいだん》（もしくは護摩壇《ごまだん》・密壇《みつだん》）周辺に、蝋燭《ろうそく》の炎で一際《ひときわ》輝く仏具が目に入ることでしょう。

これら仏具は、行者《ぎょうじゃ》が本尊と一体となって即身成仏《そくしんじょうぶつ》を果たすための道具で、形状や使用方法そのものに、深い教義的意味が込められています。ですから他と区別して、特に「密教法具」と呼称しています。

大壇（奥）・脇机（手前左）・礼盤（同中央）・磬（同右）

法具の多くは、古代インドで実際に使用された道具としての性格を残しています。よってその性格からある程度の系統立てが可能です。修法《しゅほう》の場面場面で異なる性格を発揮させることもありますが、試みに、護《まも》る・浄《きよ》める・供養するという三種に分けて説明したいと思います。

●護る密教法具

はじめに、武器から転じた「護る」法具を取りあげます。修法中、行者は大壇中央の多宝塔や五輪塔を媒介として、本尊と一体になる観念を凝らします。ゆえにその聖なる空間に、魔や行者自身の煩悩が入ることを防がなくてはなりません。

そのため、壇の四隅に煩悩を砕《くだ》く独鈷杵《とっこしょ》型の四橛《しけつ》を立て、その周囲に如来の智慧を象徴する五《ご》

大壇隅の四橛と壇線、及び花瓶・飲食器・羯磨

色壇線《しきだんせん》をめぐらせて結界《けっかい》とします。三鈷杵を十字に組み合わせた羯磨《かつま》を壇の四隅に、転輪聖王《てんりんじょうおう》の持物であり煩悩を断つ輪宝《りんぽう》を壇の中央付近に配置するのも、目的は同じです。この羯磨と輪宝は、投擲《とうてき》用の武器から転じたものといわれています。

金剛盤《こんごうばん》上の各種金剛杵は、煩悩を砕く金剛（vajra＝ダイヤモンド）のような堅固な智慧、という意義を持ちます。両端の鈷の数が一・三・五のものがあり、それぞれ慈悲・三密《さんみつ》・五智《ごち》を象徴しています。

これらを持っての行者の所作《しょさ》は、その金剛杵が持つ意味を一々付帯《ふたい》することになるので、各種金剛杵は極めて重要な位置付けとなります。

●浄める密教法具

次に、修法する空間と行者を「浄める」法具をとりあげます。行者が坐る礼盤《らいはん》から見て、左側の脇机の上にある塗香器《ずこうき》・灑水器《しゃすいき》・散杖《さんじょう》がその代表的な法具です。

塗香器のなかには塗香というお香が入っており、これを塗って行者自身の身心と、その所作を浄めます。また灑水器には水が入っており、この水を浄めた上で、散杖という棒を使って降り注

密壇上の火舎・六器・金剛盤
及び花瓶・燭台・飲食器

脇机上の塗香器・灑水器・散杖

ぎ、自身及び堂内を浄めます。結界内に魔を入れないだけではなく、積極的に浄めていくこともまた大切です。

●供養の密教法具

次は本尊及び諸尊に「供養する」法具です。行者は本尊との合一の前と後で、それぞれ供物《くもつ》を捧げます。これは古代インドにおいて賓客をもてなす作法に準じており、前は歓待、後は見送りの意味があります。これらはただ置いて供養とするのではなく、印と真言により捧げられます。

大壇上の行者正面にある火舎《かしゃ》は香を、その左右に三つ一組で並ぶ六器《ろっき》は閼伽《あか》水（本尊の足や口を浄める）・香・花を捧げる法具です。六器には花や樒《しきみ》の葉が入れられます。また花瓶《けびょう》は五智を象徴する五色の花を、飲《おん》食器《じきき》は米飯やさまざまな食物を、燭台《しょくだい》は灯明を捧げる法具です。

本尊に音楽を捧げるための法具もあります。金剛盤上の金剛鈴《こんごうれい》や礼盤右側の磬《けい》がそれで、実際に鳴らして使います。本尊を讃える声明《しょうみょう》をとなえた後に鳴らす鐃《にょう》や鈸《はち》も、同意趣です。

護摩壇特有の多くの法具も供養を目的としますが、煩雑になるためここでは割愛します。

●見分けは難しい

ここに紹介した密教法具のうち幾つかは、死者供養やご祈祷など、日常的な法務でも用いられます。よってこれらの有無で、その寺が密教寺院か否か、またその僧が密教系の僧か否かを判断できると思います。

ただし、密教か否かは判断できますが、真言か天台か、さらにどの法流かまでの判断などは避けたほうが無難です。大壇や脇机に置かれた法具の配列、またそれらを扱う所作から、ある程度は予想できますが、壇の大きさの都合や、住職の意楽《いぎょう》（創意工夫）、住職やその寺独自の相伝という場合もあります。僧侶でさえ、法具や所作のみから法流を見極めるのは難しいのです。（**山口史恭**）

●禅宗

●修行道場の仏具

【坐蒲《ざふ》】直径約四十センチ程度の丸いクッションのような形で、坐禅の際にお尻の下に敷きます。単にお尻の痛みを和らげるために用いるのではなく、坐禅を組んだ際に、両膝とお尻の三点をバランス良く接地させて、背筋が伸びた理想的な姿勢を調《ととの》えるためのものです。そのため、体型によって適正な厚みが変化します。側面に名前を記すための帯があり、そこから内部の綿が出し入れできて厚みを調整するようになっています。坐禅会などに参加する際は、自分に合った大きさと厚みの坐蒲を選ぶことが、良い姿勢で坐禅を行うための第一歩となります。

なお、臨済宗では丸い坐蒲を使うことは少なく、単（僧堂の坐席）にある四角い単蒲団を折り畳んで用います。

坐　蒲

仏具としては一見地味な坐蒲ですが禅宗寺院の宗旨上、何よりも重要な意味を持っています。いうまでもなく禅宗の教義の根本にあるのは坐禅であり、突き詰めて考えれば、坐禅さえしっかりと行じることができれば、どんな環境であってもそこは立派な大修行道場と成り得るし、逆に坐禅をおろそかにしたならば、どんなに見事な仏具や伽藍荘厳《がらんしょうごん》等もその意味を失ってしまうのです。坐蒲は禅宗にとって、そうした深い意味を持った尊い仏具です。法事などで禅寺にお参りした際などには、単なる座布団《ざぶとん》代わりとして粗雑に扱うことは避け、敬って大切に用いたいものです。

【戒尺《かいしゃく》】二本の細長い木でできており、互いに打ち付けて音を発する仏具です。

一般に相撲の呼び出し、劇場での開幕合図、夜の火防回りなどで使われているものと形や音は同じですが、これもまた禅宗では宗旨上特に重要な意味を持っている仏具です。

文字通り、おもに葬儀や授戒会《じゅかいえ》などで導師が戒を授ける際に鳴らしますが、時に太鼓を細かく連続的に鳴らして導師を送迎する大擂上殿《だいらいじょうでん》という作法や、食事の前後に大勢の僧がお唱えごとを合わせる際の合図としても用います。

戒　尺

戒というと、一般的には信仰上の規範・制限事項ととらえられておりますが、禅宗の戒は単なる道徳律や禁止条項に留まらず、「禅戒一如《ぜんかいいちにょ》」といって坐禅と戒とは一体で、坐禅を行うことはすなわち戒を保つことであると説きます。したがって曹洞宗では、早く世の無常に気付き、発心《ほっしん》して戒を受け、戒を護《まも》って正しき道を歩むことを勧めます。生前に受戒の縁がなかった方には、「没後作僧《もつごさそう》」といい葬儀式中に導師が故人に戒を授けるのですが、できることならば、ご自身の耳で戒尺の音を聞きながら生前に受戒し、仏の教えに照らされたよりよき日々を送ることが教えの本義です。

【槌砧《ついちん》】底面から先端にかけて徐々に細くなっている、腰上くらいの高さの八角型の木柱を「砧《ちん》」、その上に置いてある柄のない木槌の先のような形の木片を「槌《つい》」といい、合わせて「槌砧」と呼びます。

槌を手で握るように持ち、砧に打ち付けて「ガツッ」と音を出すことによって、これから述べる内容に先立ち、僧衆に注目を喚起する役割を果たします。

禅宗で重んじられている『従容録《しょうようろく》』という書物の巻頭などに、かつてお釈迦様が説法をなさった際、そのかたわらで智慧をつかさどる文殊菩薩が槌砧を打ち、その説法の素晴らしさを讃え認めたという故事が記されています。そのため現在でも曹洞宗では住職が須弥壇《しゅみだん》に上がって正式な説法を行う際には、後見役を務める高徳の師僧が、この故事にもとづいて槌砧を打つ古風が伝えられています。

なおこの槌砧には普段は袱紗《ふくさ》がかけられていますが、このかぶせた布を取るわずかな動作にも細かな作法が定められており「威儀即仏法《いいぎそくぶっぽう》　作法是宗旨《さほうこれしゅうし》」（一つ一つの細かい進退動作が仏行そのものである）という曹洞宗の宗風を表しています。また禅宗では往時には本尊さまをまつるための伽藍である「仏殿」を設けず、住職が修行僧に説法をする「法堂《はっとう》」と坐禅や食事、睡眠などを行う修行の中心的道場である「僧堂」を重視していたため、現在でも曹洞宗の道場では、この槌砧は古儀に従い「法堂」と「僧堂」のみに置かれています。

槌　砧

【応量器《おうりょうき》】禅宗では雑巾がけや畑仕事、庭掃除などの日常的な作業を「作務《さむ》」と呼んで大切な修行として位置付けていますが、特に僧が自ら台所で汗を流して皆の食事を調えることを重視します。

そのため、苦労して作られた食事をいただく際には、詳細に定められた厳格な作法にもとづき、最高の礼をもって、尊い修行として料理を口にします。その際に用いられるのが応量器で、大小数枚の漆塗《うるし》りのうつわが一つに重ねられ、箸《はし》などの付属品とともに袱紗で包まれて収納され、各修行僧が所持します。文字通り量に応じて、無駄なく必要な分量をよそってもらうためのうつわです。

一番大きなうつわは「頭鉢《ずはつ》」と呼ばれ、お釈迦様の頭頂《とうちょう》に喩《たと》えられて特に大切に扱うことが求められ、直接口をつけてはいけないとされています。万一落としたときには道場を去らねばならない場合もあるくらいに厳格に定められています。

なお、僧侶は黒や茶色を、仏さまのお供えには赤や朱色の応量器を用います。

応量器

●各種鳴らしもの

禅宗寺院を参拝すると、伽藍内の各所にさまざまな鳴らしものが配置されていることに気がつきます。

道場では基本的に私語は厳禁で、皆黙々と己のなすべきことをつとめるわけですが、そうはいっても大勢の僧が同時に何かをする際には、なんらかの合図が必要です。そうした各種の合図や時間などを表すために、さまざまな鳴らしものが用意されており、場面や意図によって鳴らし方の作法が細かく定められています。

【魚鼓《ほう》】「鐘鳴れば法堂　魚鼓響けば僧堂」と言うように、法堂の鐘が鳴りはじめれば皆が法要や説法のために法堂に集まり、また食事の開始を告げる魚鼓（魚の形をして天井から下げられた木製の仏具）が打たれれば応量器を持って僧堂に集まるというように、鳴らしものを合図として僧たちが心乱れることなく常にまとまって行動を行うのが禅の道場のあり方です。魚鼓《ぎょく》と読む場合もあります。

魚　鼓

木　版

【木版《もっぱん》】厚い木板を撞木《しゅもく》で叩いて鳴らし、法要の開始などを寺内に告げます。表には慢心や怠惰心などを戒める仏語が筆で記されています。

なお修行僧が入門する際、その到着を示すためにはじめに打つのがこの木版です。禅宗の僧は、皆それぞれに入門時の木版の音を初心とともに忘れることなく常に心に留めているのです。なお、叩くうちにすり減り、中心部がへこんでくるのですが、穴があくまで削れたら、その日は修行を休みにしてゆっくり過ごしてよい、という気の長い噂が修行僧の間で信じられている道場もあるようです。

【雲版《うんぱん》】台所付近に吊されている雲型の鉄版で、おもに食事の準備に関わる場面で鳴らされます。火を扱う台所で、万一の失火を防ぐために、火に強い雨雲をかたどっているといわれています。参拝中にその音を近くで聞くと、思わず飛び上がってしまうほどの大きな迫力ある音が特徴です。

（高梨尚之）

雲　版

浄土教

共通の仏具

浄土系寺院の仏具といっても、その一つひとつを見る限りは、聖道《しょうどう》諸宗と共通のものが多く、固有の仏具というのはほとんど見あたらない。

ただ、全体として見た場合、総じてきらびやかな印象がある。理由は明解で、総じて、極楽世界の荘厳《しょうごん》のイメージが投影され、表されているからである。

経典によれば、光に満ちた輝かしい世界であり、蓮の華《はな》によって表現される悟りの世界である

（無数の宝蓮華《ほうれんげ》は、平等を意味する）。前卓《まえじょく》（前机）と呼ばれる尊前《そんぜん》の台は、妙《たえ》なる声で法を説く極楽の六鳥《ろくちょう》、すなわち『阿弥陀経』に登場する化身《けしん》の鳥たちの彫刻で飾られていたりする。金箔《きんぱく》という素材が好んで使われるのも、同様の理由による。光明のイメージは、そのまま阿弥陀仏の絶大なる救済力の象徴でもある。

燭台《しょくだい》や灯台《とうだい》（油皿を乗せた脚付の照明器具）、灯籠《とうろう》などの照明に気を遣《つか》うのも特徴で、美的な感覚を大切にする伝統の現れであろうか。理屈抜きに、極楽に生まれたいという願生心《がんしょうしん》を起こさせるような、そんな心遣いの跡が、共通して見られるのである。

●輪　灯

輪　灯

浄土系寺院に固有の仏具はほとんど見あたらないと言ったが、その例外として真宗寺院に見られる輪灯《りんとう》があげられる。まれに他宗の寺院でも見かけることがあるが、輪灯といえば、今日では真宗寺院の仏具の代名詞ともとらえられている。

その起源については、かつて宮中において使われていた照明器具に由来するとも、中国から伝来した、病気の平癒や続《ぞく》命《みょう》を薬師如来に祈願する折に使った「輪灯」と呼ばれる大規模な灯台が、形を変えて、現在の輪灯になったともいわれている。

しかし、かつて本願寺に「つり灯台」と呼ばれる器具があって、現在の輪灯と同じ役目をになっていたことが文献からわかるので、当時の一般的な照明器具であった灯台を起源として、あるいは他所の器具をも参考にしながら、真宗寺院において、独自に発達した器具と考えてよさそうである。

天井から吊られた、金色に輝く左右の輪灯は、濁世《じょくせ》を照らす法灯《ほうとう》のイメージとも重なり、真宗寺院を特色付けるものとなっている。

（瓜生津隆文）

●日蓮宗

日蓮宗の独特な仏具としては、木鉦《もくしょう》・団扇太鼓《うちわだいこ》・木剣《ぼっけん》・数珠《じゅず》などがあげられます。

●木　鉦

木鉦は読経《どきょう》の拍子《ひょうし》をとるために用いる仏具で、明治初期の頃から使われるようになったといわれています。その材質は欅《けやき》・楓《かえで》・桜などが用いられ、加持祈祷《かじきとう》やお経を早く読む時などにリズミカルに打て、かたくてキレのよい音が出るというところから使われています。

ただし日蓮宗では読経のときに必ず木鉦でなければならぬということはなく、木鉦と木魚《もくぎょ》の二

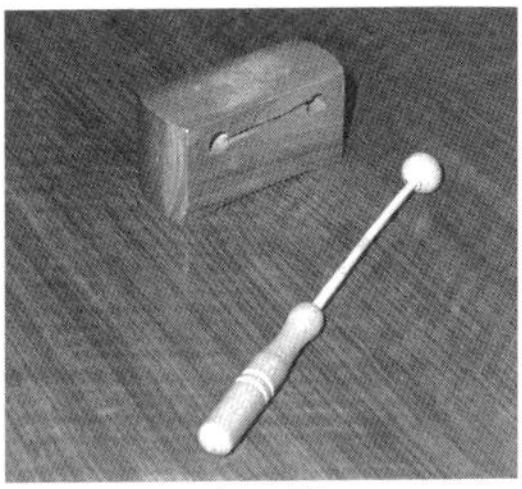
木　鉦

団扇太鼓

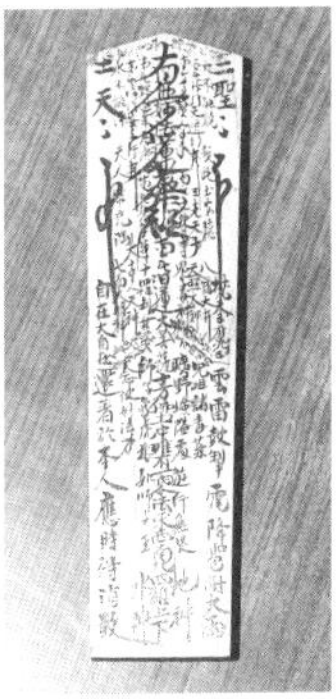
木　剣

つの特質をよく心得て使い分けられています。

●団扇太鼓

安藤広重《あんどうひろしげ》の描いた版画には題目講《だいもくこう》や万灯講《まんどうこう》が描かれ、人々が団扇太鼓を打つ姿を見ることができます。このことから江戸時代中期頃には、団扇太鼓がかなり普及していたことが窺《うかが》われます。

団扇太鼓には二枚張りと一枚張りのものがあり、お題目を唱えるとき、あるいは行脚《あんぎゃ》で読経するときに用いられています。

お題目の打ち方には五点打ち「南無妙法蓮華経」（・は打つ印）と三点打ち「南無妙法蓮華経」等があります。

●木　剣

加持祈祷に使う仏具に木剣があります。木剣は、剣の形をした木型（剣身にお曼荼羅《まんだら》を写し、『法華経』の要句、諸天善神《しょてんぜんじん》の神名なども書き入れます）の上に数珠を重ね、祈祷肝文《かんもん》というお経に合わせて九字を切り、仏・菩薩・諸天善神《ぜんじん》の擁護《ようご》をねがい、邪気を払うのです。

●数　珠

日蓮宗の数珠の形状は、基本的には一〇八の珠数を用い、これに二つの母珠《ははだま》（お釈迦さまと多宝如来《たほうにょらい》を象徴する）がつけられています。片方の母珠には二房《ふさ》、もう片方には三房がついています。母珠から数えて八個目と二十二個目に小珠が計四個あり、四菩薩（上行《じょうぎょう》・無辺行《むへんぎょう》・浄行《じょうぎょう》・安立行《あんりゅうぎょう》の菩薩）と称されています。なお、数珠を摺《す》り鳴《な》らすことは、日蓮宗の法要では常に用いないことになっています。

（浜島典彦）

法衣

●はじめに

法衣《ほうえ》とは三衣《さんね》と二衣《にえ》のことです。詳しくは大衣《だいえ》・中衣《ちゅうえ》・小衣《しょうえ》の袈裟《けさ》と涅槃僧《ねはんぞう》・僧祇支《そうぎし》の襯身《しんしん》衣《え》です。身体を保護するもので、かつ宗派性を具現化し表現するものです。僧の衣裳のデザイン・材質にオリジナリティーがあるのは、アイデンティティーを示すことを必要とされているからです。

宗祖の回忌法要や新しく住職になられる儀式・大きな慶《よろこ》びの法要、そしてお葬式などに参集された折りに、その宗派がわかったり、着装されている衣の名前を知っていることは、儀式の理解や関心を呼び起こします。

今回は各宗派のお坊さんの普段の衣でなく、いかにもお坊さんらしい姿を絵に描きましたので、ご覧頂き参考になれば幸甚です。

●三衣・二衣とは

七条袈裟《しちじょうげさ》・五条袈裟《ごじょうげさ》など、袈裟と名前がつくものは三衣です。二衣の襯身衣は元来、肌に身に付けるもので、涅槃僧は裙《くん》・裳《も》などの腰に着けるものです。裙・裳は形は変化して今も残っています。僧祇支は褊《へん》（偏）衫《さん》の右肩を覆《おお》うものや横被《おうひ》にもなって残っていると考えられます。俗人の衣裳を着て、その上に僧としての袈裟を着装されていると考えています。

日本に入ってきている仏教は大乗仏教です。上座部仏教の国、スリランカやタイやカンボジアで見られる僧の衣裳はまた別の方向に変化しています。それぞれの国の風土や民族や歴史によって変ってきていながら仏教として分類され存在していることは、仏教の持つキャパシティーと考えます。日本にも三つの流れがあって、袈裟・法衣も律衣《りつえ》・教衣《きょうえ》・禅衣《ぜんえ》の三系統があります。

これから各宗派の袈裟・衣をご覧下さい。各宗派の紋も参考になりますので載せます。単立・独自のものもいろいろありますが、一部を取り上げましたことを、ご了解ください。

天台宗①

天台宗②

●天台宗

天台宗（山門派）の紋（以下同）―三諦章《さんたいしょう》。天台寺門宗（園《おん》城寺《じょうじ》）―菊。天台真盛宗《てんだいしんぜいしゅう》―三羽雀。

①（赤の大口袴《おおくちばかま》に表袴《うえのはかま》を）簡略化した赤色の衫を付けた切り袴《ばかま》に僧綱襟《そうごえり》の袍裳《ほうも》を着用。その上に横被と修多羅《しゅたら》（紐）

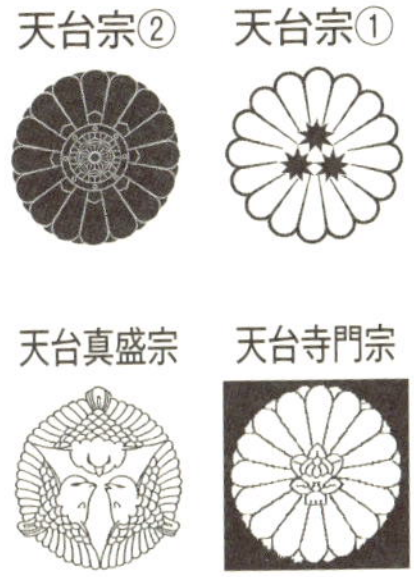

に七条袈裟。首には羽二重《はぶたえ》の帽子《ぼうし》、右手に桧扇《ひおうぎ》（桧《ひのき》の薄板でできた扇）、左手に水晶の数珠。靴は草鞋《そうかい》。

②色素絹《いろそけん》・紋白五条袈裟・指貫《さしぬき》・中啓《ちゅうけい》。帽子《ぼうし》。指貫袴は本来の裾を絞る形式を変え、裾を引き上げて奴袴《ぬばかま》に着る。

●真言宗

高野山派―桐と巴の二種紋。御室派《おむろは》―桜に二引。大覚寺派―蓮華。醍醐派《だいごは》―醍醐桐（五七の桐の紋）。智山派―桔梗《ききょう》紋。豊山派―輪違い紋。

①袍裳《ほうも》（法服）・七条袈裟・横被《おうひ》・修多羅《しゅたら》・表袴《うえのはかま》・帽子《もうす》・桧扇《ひおうぎ》・数珠。七条袈裟は納《のう》

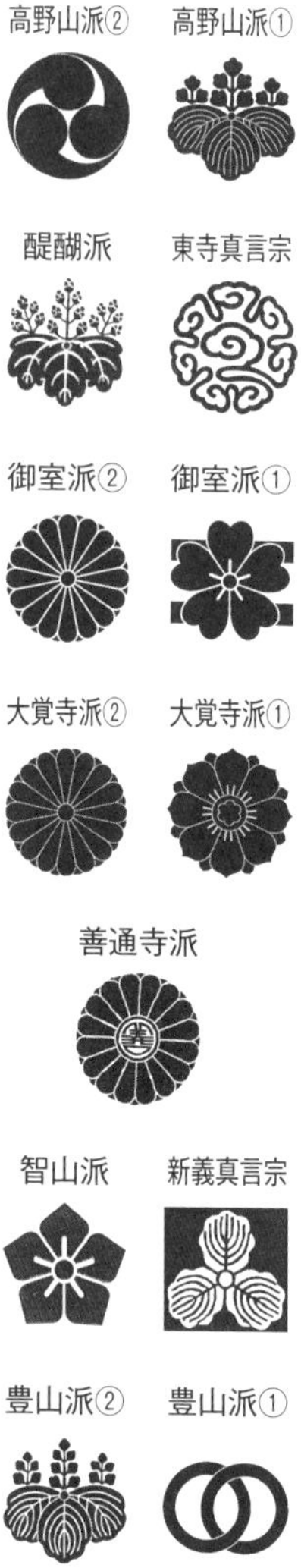

（衲）衣《え》と呼ばれる。

②素絹《そけん》・紋白《もんじろ》五条《ごじょう》袈裟《げさ》・中啓《ちゅうけい》・数珠・帽子。五条袈裟には真言各宗の宗派の紋が使われることが多い。素絹、袍裳にも共色で寺紋が織り込まれていることも多い。

③素絹・如法衣《にょほうえ》・中啓・数珠・帽子。

● 浄土宗

浄土宗の紋が月影杏葉《つきかげぎょうよう》なのでこの紋を見かけたら浄土宗です。また浄土宗の西山禅林寺派は久我竜胆《こがりんどう》。西山浄土宗は抱《だ》き茗荷《みょうが》。西山深草派は三盛亀甲花菱《みつもりきっこうはなびし》。

本願寺派

本願寺派②

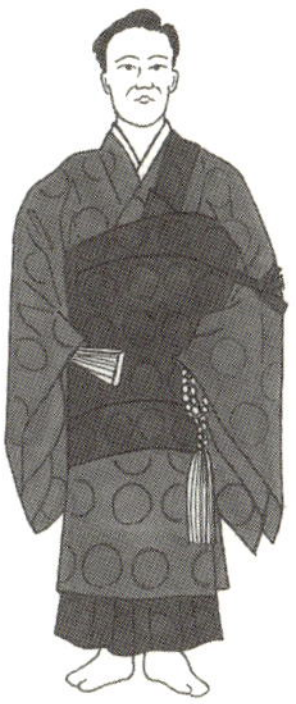

本願寺派①

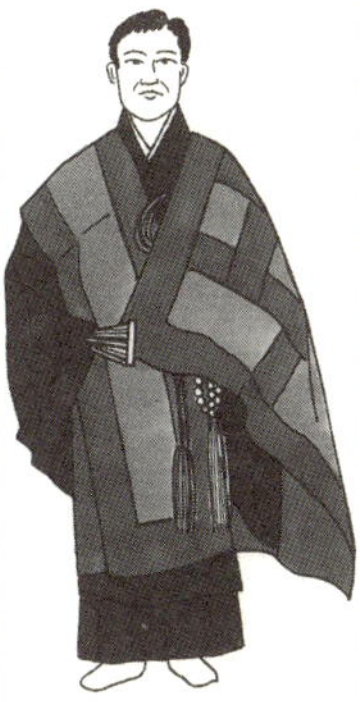

浄土宗②

浄土宗①

西山深草派

西山浄土宗

西山禅林寺派

①荘厳服といわれます。本道具衣《ほんどうぐえ》（袖に袖衫《そでさん》がつく）・九条袈裟（横被《おうひ》は着けない）・払子《ほっす》・数珠・水冠・帽子《もうす》。

②道具衣・大師衣（五条袈裟）・切袴《きりばかま》・誌公帽子《しこうもうす》もしくは水冠・帽子。

●浄土真宗本願寺派

紋―下《さが》り藤《ふじ》。

①七条袈裟・横被・修多羅《しゅたら》・切袴・色衣《しきえ》・中啓《ちゅうけい》・念珠。

②色衣・五条袈裟・念珠・中啓。五条袈裟の位置が高いのが特徴的です。

●真宗大谷派

紋―牡丹。

大谷派①

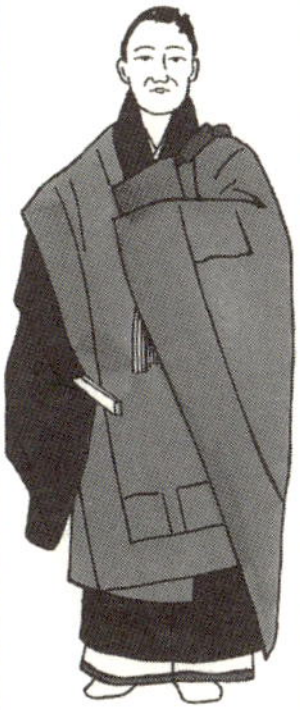

大谷派

● 臨済宗

①七条袈裟・横被《おうひ》・修多羅《しゅたら》・略式の表袴《うえのはかま》・僧綱襟《そうごえり》のある袍裳《ほうも》・桧扇《ひおうぎ》・数珠。

②素絹《そけん》・半素絹《はんそけん》と同形式の裳付衣《もつけごろも》・五条袈裟・切袴《きりばかま》・中啓《ちゅうけい》・数珠。

③切袴を着用しない形式。五条袈裟を高い位置で着用。

紋—妙心寺派は菊菱《きくびし》に藤の花。南禅寺派は瑞龍紋。

①紫衣《しえ》（紗布衫《しゃふさん》を下に着用）・紗の七条袈裟・座具・平行《ひんごう》帯《たい》・烏帽子《くろもうす》。

②黒の直綴《じきとつ》・七条袈裟・座具。

③直綴・黒の絡子《らくす》（住職・副住職は金襴《きんらん》を使用）。直綴の袖を括《くく》り、作務のときの姿。

●曹洞宗

永平寺—竜胆車《りんどうぐるま》。總持寺—五七の桐。

曹洞宗②

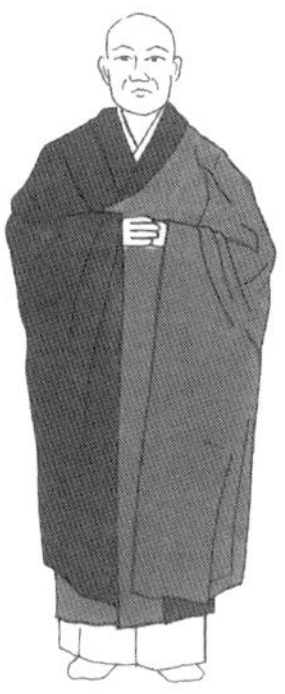
曹洞宗③

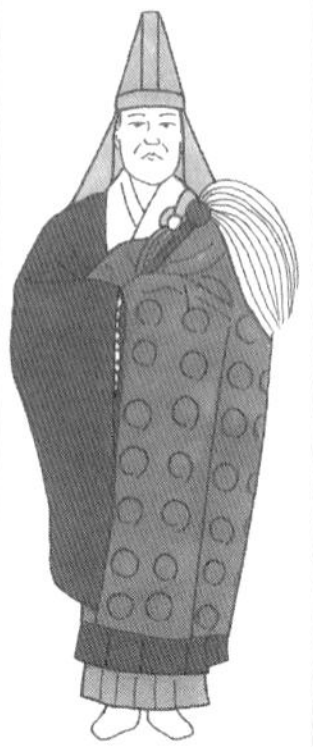
日蓮宗①

日蓮宗②

日蓮宗③

①黄恩衣《こうおんえ》・座具は袖口の内側に着用・九条袈裟・横被《おうひ》はない・払子《ほっす》・立帽子《たてもうす》。

②腰に共布の飾り紐のある色衣《しきえ》・如法衣《にょほうえ》。

③直綴《じきとつ》形式の黒衣《こくえ》・七条袈裟。

●日蓮宗

紋―井桁《いげた》に橘《たちばな》。

①直綴《じきとつ》の形式の本衣《ほんね》・七条袈裟・燕尾帽子《えんびもうす》・冬のみ襟巻き（帽子）・払子《ほっす》。

②本衣・緋金紋《ひきんもん》の五条袈裟・中啓《ちゅうけい》・数珠。

③裳付《もっ》けの黒素絹《くろそけん》・五条袈裟・切袴《きりばかま》・冬のみ襟巻き（帽子）。

●その他

鈍色《どんじき》…平安時代に作られた法衣。神道的行事に使用。
例：僧綱襟《そうごえり》になっている白無紋《しろむもん》の袍裳《ほうも》に五条袈裟。
長素絹《ながそけん》…平安時代に作られた法衣。国家祭祀の参内《さんだい》等に使用。
例：単《ひとえ》仕立て白生絹《しろすずし》の裳付衣《もつけごろも》・五条袈裟・指貫《さしぬき》。

（井筒與兵衛）

コラム

僧侶の呼び方の違い

寺院に住んで、衣を身に付けた僧侶のことをどのように呼んだらいいのか迷う方はかなり多いと思います。

全宗派共通して無難なのは「住職さん」「ご住職」です。

住職とは住持職《じゅうじ》の略称で、お寺に安住して法を保ち持つ者という意味があります。現在、お寺が宗教法人の場合は代表役員のことです。住職に関連する呼び方で「副住《ふくじゅう》」という言葉もあります。次の住職予定者、多くの場合、住職の息子さんですね。

次に思い浮かぶのはわらべ歌の「山寺の和尚《おしょう》さん」の「和尚」でしょうか。古代のインドの言葉で先生や師匠のことを「ウパーディヤーヤ」といい、これが中国で和尚となったといわれています。特に戒律を守る僧侶のことだそうです。

ただし、和尚と書いて天台宗や浄土真宗では「かしょう」、浄土宗や禅宗系では「おしょう」、真言宗などでは「わじょう」と読むことが多いようです。それから律宗の場合は和上と書きます。唐招提寺の鑑真和上《がんじんわじょう》が有名です。

宗派色が表れているのは「お上人《しょうにん》さん」です。浄土系と日蓮系でよく用います。浄土系の各宗祖、法然上人、親鸞聖人、一遍上人と日蓮聖人の「しょうにん」に由来しています。

また、禅宗系では「方丈《ほうじょう》さん」ともいいます。住職の住居の大きさ一丈《いちじょう》四方（四畳半）に由来しています。これは通《つう》な呼び方です。

そうそう、映画の寅さんに出てくる「御前《ごぜん》さま」というのもありました。「御前」は位の高い人や高僧のことです。特定の宗派の呼称ではありません。

「院主《いんじゅ》」という言葉もあります。「寺院の主」ということです。同類語が「庵主《あんじゅ》」（庵《いおり》の主《ぬし》）ですが、女性の僧侶に用います。また、「坊主」（僧坊の主）もありますが、現在、使用禁止用語です。

また、地方色豊かな親しみを込めた呼び方もあります。「〇〇寺のおっさん」「〇寺のおっさま」です。「和尚さん」がなまったものです。それから、「お坊さん」「お寺さん」なども言うこともありますが、若干、距離があるように聞こえますね。

（村越英裕）

お墓・戒名

●お墓の歴史

今日、墓地や霊園を訪れると、さまざまなお墓を見ることができます。しかし、その正面に刻まれている文字は「○○家之墓」あるいは「○○家代々之墓」といったものが多く、そこには宗旨や宗派を見分けられる情報はありません。

このように家が単位となってお墓が建てられ、先祖から子孫へと引き継がれていくようになったのは、明治時代の後半以降のことです。その背景には、新たな墓地を勝手に作ることを禁じる規則や、伝染病予防法の施行によって火葬が急速に普及しだしたことが影響しているものと考えられます。いっぽうで、その底流には、江戸時代にはじまった檀家《だんか》制度があり、家族が単位となった今日のお墓の形態に大きな影響を及ぼしています。

「○○家之墓」「○○家代々之墓」といったように、どこの「家」の墓かを表わす文字が彫られる以前から、お墓にはさまざまな文字が刻まれており、時代ごとさまざまな変遷《へんせん》が見られています。もともと、お墓に文字を刻むようになったのは、平安時代の頃からとされ、当初は梵字《ぼんじ》や経

【宗派別　墓石に刻まれる文字（一例）】

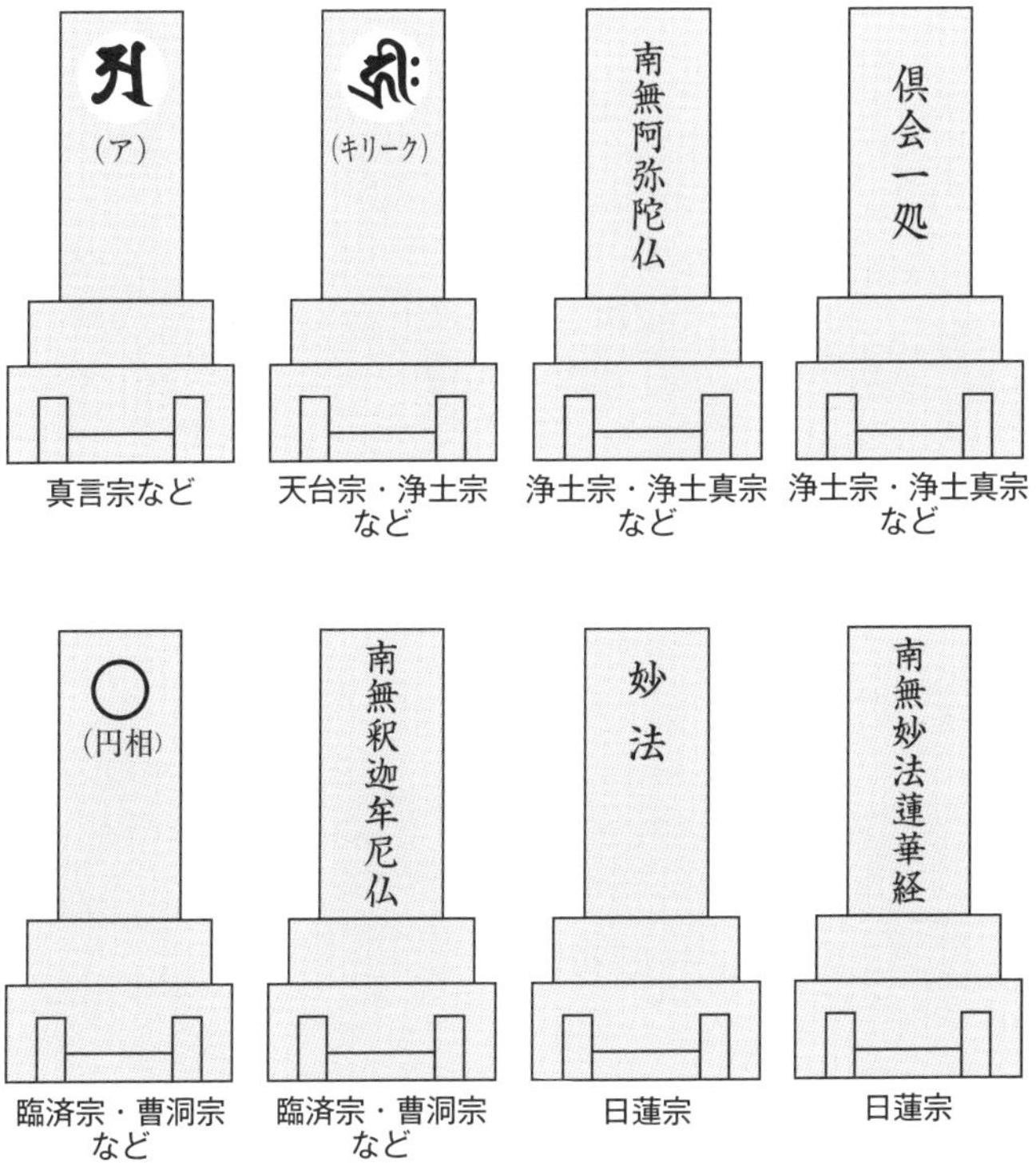

文を刻んでいたといわれています。それが室町時代ごろになると、武士に戒名が普及しはじめ、お墓に刻まれるようになりました。さらに江戸時代に入ると、庶民もお墓を建てるようになり、戒名《かいみょう》（法《ほう》名《みょう》・法号《ほうごう》）をお墓に刻むことが一般的となったようです。

　ところが、幕末から明治時代には、新

しい時代意識を背景として、個人の本名（俗名《ぞくみょう》）を刻むことが一時期流行しました。このように、お墓に刻む文字は時代と共に変化してきました。したがって、ここから必ずしも宗旨や宗派が分かるわけではありません。

しかし、歴史の流れのなかでの仏教や寺院との関わりのなかから、それを類推する際にヒントになることも、今日現存するお墓から見受けられることもあります。また、お墓はその側面や墓《ぼ》誌《し》に戒名が彫られているケースもあります。この戒名は、宗派によって付け方に一定のルールがあるので、宗旨や宗派を判別する際の有力な手がかりとなります（戒名については後述します）。

●お墓の宗派の見分け方

まずは、お墓の前面に梵字が刻まれている場合があります。例えば、阿弥陀如来を表わす「キリーク」、あるいは大日《だいにち》如来を表わす「ア」が刻まれているお墓があります。これは天台宗や真言宗のお墓に見られ、「種子《しゅじ》」といわれます。密教の仏・菩薩・明王《みょうおう》・天などの諸尊を一文字で表わしたものです。このような種子を刻むのは、お墓にご本尊をお迎えすることを意味しているといわれています。諸尊の種子はその他にも数多くありますが、今日お墓の棹石《さおいし》に刻まれているのは、先に示した「キリーク」と「ア」が一般的なようです。

浄土宗のお墓では、ご本尊である阿弥陀如来の種子「キリーク」を入れています。また、「南無阿弥陀仏」だとか「倶会一処《くえいっしょ》」などと刻んであることが特徴です。「倶会一処」とは『阿弥陀経』にある言葉で、「往生《おうじょう》したいという願いを起こすことによって、浄土の仏や菩薩たちと出会うことができる」ということを意味しています。

浄土真宗においても、浄土宗と同様に「南無阿弥陀仏」「倶会一処」と書かれているほか、「釈《しゃく》○○」という法号を刻んでいる場合もあります。

臨済宗や曹洞宗といった禅宗の場合は、「円相《えんそう》」という丸い輪を入れることがあります。これは悟りの境地を表わしたものです。また、ご本尊であるお釈迦さまへの祈りの言葉「南無釈迦牟尼仏」を入れる場合もあります。

日蓮宗では、棹石の上部に「妙法」と刻まれたお墓が特徴です。また「南無妙法蓮華経」の題目が刻まれたものも日蓮宗特有のものです。

●戒名の宗派の見分け方

次に戒名について見てみましょう。戒名は宗派によって定義や形式に違いがあり、この違いにより、どの宗派のものなのかはおおよその見当をつけることができます（ただし、浄土真宗の教義では受戒《じゅかい》がありません。ですから、戒名という名称は存在しません。代わりに法名《ほうみょう》と呼ばれるものが、戒名に相当するものです。また日蓮宗では戒名より法号《ほうごう》という言い方が一般的なようです）。

【宗派別　戒名（法名・法号）の構造（一例）】

宗派	院号・院殿号	道号	戒名（法名・法号）	位号
天台宗	○○院・殿	△△	□□	大居士・居士・信士・童子・孩子（児）・嬰子（児） 大姉・信女・童女・孩女・嬰女
真言宗	○○院・殿	△△	□□	大居士・居士・信士・童子・孩子（児）・嬰子（児） 大姉・信女・童女・孩女・嬰女
浄土宗	○○院・殿	△誉	□□	大居士・居士・信士・童子・孩子（児）・嬰子（児） 大姉・信女・童女・孩女・嬰女
浄土真宗	○○院・殿	なし	釈□□ 釈尼□□	なし
臨済宗	○○院・殿	△△	□□	大居士・居士・信士・童子・孩子（児）・嬰子（児） 大姉・信女・童女・孩女・嬰女
曹洞宗	○○院・殿	△△	□□	大居士・居士・信士・童子・孩子（児）・嬰子（児） 大姉・信女・童女・孩女・嬰女
日蓮宗	○○院・殿	△△	日・法□ 日・妙□	大居士・居士・信士・童子・孩子（児）・嬰子（児） 清大姉・大姉・信女・童女・孩女・嬰女

さて戒名の基本的な構造ですが、多くの場合、院号《いんごう》・道号《どうごう》・戒名・位号《いごう》の四つから構成されています。

まず院号ですが、これは本来は皇族や貴族が用いていたもので、それを武士などが院殿号《いんでんごう》として使うようになったようです。つまり原則的に身分の高い人や社会的強者のみが用いていたものであり、かつては院号がある戒名はそれほど多くはありませんでした。身分制度のない今日においては、社会や寺院に対して大きな貢献を行った人につけられる場合が多いようです。道号は、戒名の上につけられるもう一種類の名で、号とか字《あざな》にあたるものです。浄土真宗では使われません。位号は、戒名の下につけられている「居士《こじ》」とか「大姉《だいし》」という文字のことです。性別・年齢などによって違いがあります。

これらのことをまとめると、この右の表のようになります。一見して浄土真宗は他の宗派と大きく異なることがお分かりいただけるでしょう。浄土真宗では、等しくお釈迦さまの弟子であるという意味で、「(○○院) 釈□□」「(○○院) 釈尼□□」となっています。

また浄土宗では、道号の二文字目に「誉《よ》」の字が使われます。この誉号は、本来は五重相伝《ごじゅうそうでん》という法会を受けた人に与えられたものであったようですが、現在では受けていなくても与えられることもあるようです。

日蓮宗では、日蓮聖人《しょうにん》の名にちなみ、日号《にちごう》として、「日」の字を法号の一字として用います。また主に男性の場合は「法」、女性の場合は「妙」をあてるケースも多く見られます。「妙」は「妙法蓮華経」の一字を取ったものです。この日号は、お寺や宗派に貢献した人に与えられるものでしたが、最近は社会的に功績のあった人にも与えられるようです。

さて、このように宗派によって戒名には一定のパターンがあるわけで、これを知ることによって宗派をおおよそ見分けることができるわけです。ただし戒名については、宗派ごとにきっちりと統一されているわけではありませんし、地域差や（僧侶による）個人差もあることを了承していただきたいと思います。

●著名人の戒名

では最後に、著名な人物の戒名（法名・法号）を見て、その宗派を類推してみましょう。

【慈唱院美空日和清大姉】 これは簡単ですね。「美空」という文字から、美空《みそら》ひばりさんのものであることがわかります。

美空ひばりさんの宗旨は日蓮宗なので、その特徴である「日」の字（日号）が使われています。そして「日和」は、音読みでは「にちわ」ですが、訓読みすれば「ひより」であり、「ひばり」に掛かっているのではないでしょうか。

ちなみに「清大姉《せいだいし》」という位号は、日蓮宗の法号に多く見られるものです。

【叡光院殿徹誉明徳素匯大居士】 麻生太郎元総理大臣の祖父といえば分かるでしょう。吉田茂《よしだしげる》元総理大臣の戒名です。浄土宗なので、「誉」の字（誉号）が入っています。

【安祥院釈浄眠】 日本を代表する商社である伊藤忠《いとうちゅう》商事、丸紅《まるべに》の創設者である伊藤忠兵衛《いとうちゅうべえ》氏（初代）のものです。「釈」の字があるので、浄土真宗の法名であることが分かります。

「商売は菩薩《ぼさつ》の業《わざ》、商売道の尊さは、売り買い何《いず》れをも益《えき》とし、世の不足をうずめ、御仏《みほとけ》の心にかなうもの」と説く、熱心な浄土真宗の信仰者でした。

【也風流庵大拙居士】 仏教哲学の研究者であり、世界に禅を広めたことで知られる鈴木大拙《すずきだいせつ》師のものです。「大きく拙《つたな》くもみやびなる庵主《あんしゅ》なり」という意味で、臨済宗の戒名です。鎌倉の東慶寺にお墓があります。

（清水祐孝）

コラム

塔婆の違い

お寺の墓地に行きますと各家の先祖や、故人を供養するために塔婆《とうば》が並んでいますね。そもそも塔婆はお釈迦さまの遺骨を安置する建物ストゥーパがルーツです。これが卒塔婆《そとば》、あるいは塔婆となって今日に伝わっています。

この塔婆の書き方にも宗派の違いがあり、各宗派によって書式が決められています。例えばぼくの宗派である臨済宗の場合、塔婆の冒頭に「大円鏡智」あるいは「妙観察智」などと書きます。

ただし、一般の方が見分ける方法は次の四つのポイントになります。

●ポイント1「梵字《ぼんじ》」

塔婆にはよく見るとギザギザがあり、五つのパーツに別れています。これは地・水・火・風・空の宇宙の五大要素を意味しています。この五大を古代のインド文字で書いたものが梵字です。密教系の寺院で用いますが、天台宗か真言宗かは区別がつきません。禅宗系は基本的に梵字はなく、「〇」（一円相）を使うことがあります。

五大を表す梵字を書いた塔婆

●ポイント2「南無阿弥陀仏」

塔婆に「南無阿弥陀仏」とあれば浄土系の宗派です。

ただし、浄土真宗には基本的に塔婆はありません。法要の意味は阿弥陀如来の教えを聞くことと感謝をすることにあり、他宗派にみられる追善《ついぜん》供養とは意味が異なるためです。

●ポイント3「南無妙法蓮華経」

「南無妙法蓮華経」は日蓮系の宗派です。

●ポイント4「戒名の違い」

塔婆に書かれている戒名も宗派を見分けるポイントの一つです。ただし、宗派が判別できるのは浄土系と日蓮系です。

（最初に「誉」がある浄土宗）

誉〇〇信士（男子）

誉〇〇信女（女子）

（「釈」の字がある浄土真宗）

釈〇〇（男性）

釈尼〇〇（女性）

（「日」の字がある日蓮系）

法□日〇信士（男性）

妙□日〇信女（女性）

「誉」「釈」「日」の文字が見分けのキーワードになっています。一方、戒名だけでは天台宗なのか、真言宗なのか、禅宗系なのかはわかりません。

とにかく、「宗派名」「本尊」「称える言葉」「塔婆」など、疑問に思ったことは菩提寺の住職に勇気を持って尋ねてみましょう。

（**村越英裕**）

各宗派の流れ

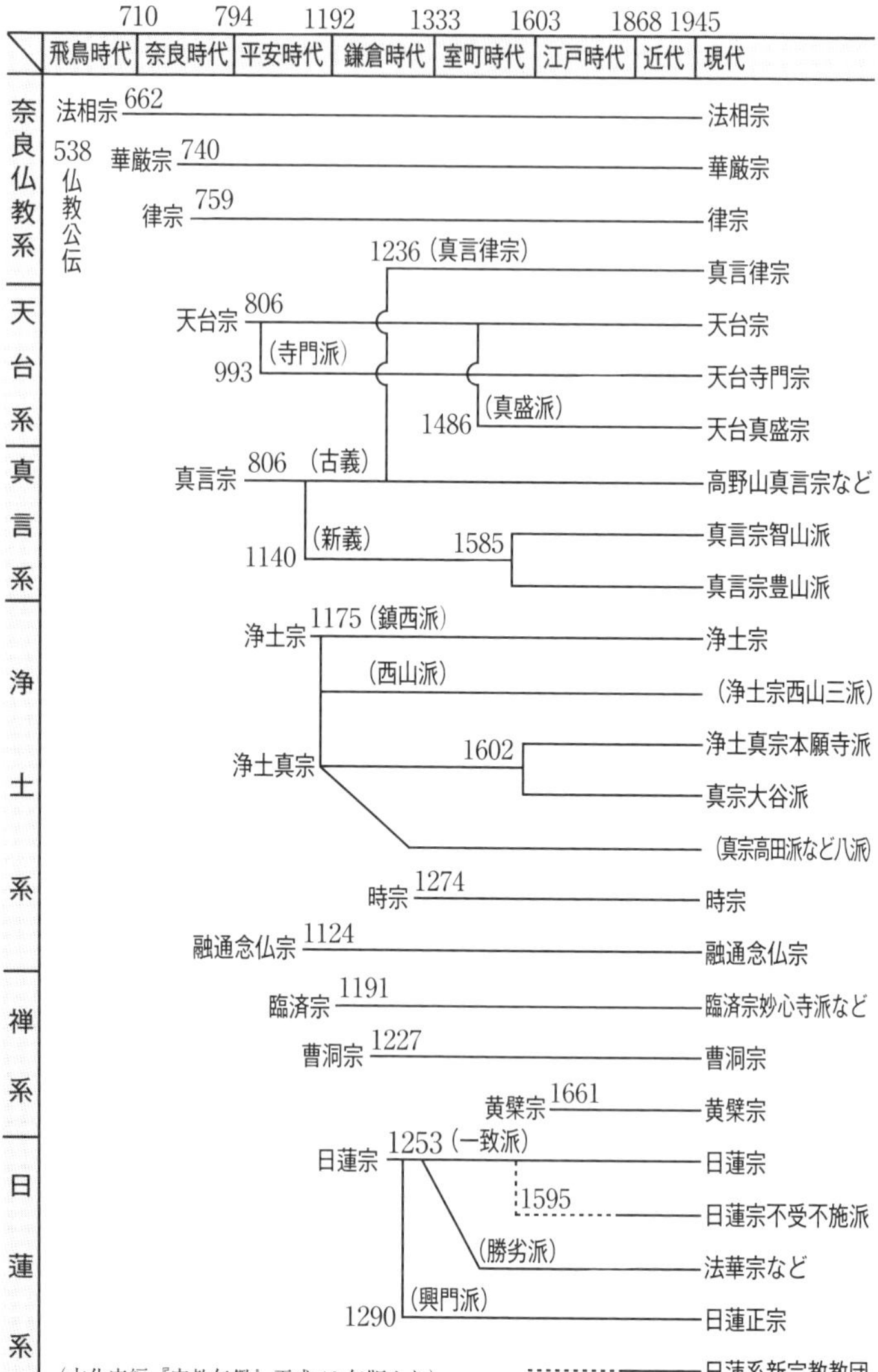
710
794
1192
1333
1603
1868
1945
飛鳥時代
奈良時代
平安時代
鎌倉時代
室町時代
江戸時代
近代
現代
奈良仏教系
538 仏教公伝
法相宗 662
法相宗
華厳宗 740
華厳宗
律宗 759
律宗
1236（真言律宗）
真言律宗
天台系
天台宗 806
天台宗
（寺門派）
993
天台寺門宗
（真盛派）
1486
天台真盛宗
真言系
真言宗 806（古義）
高野山真言宗など
（新義）
1140
1585
真言宗智山派
真言宗豊山派
浄土系
浄土宗 1175（鎮西派）
浄土宗
（西山派）
（浄土宗西山三派）
浄土真宗
1602
浄土真宗本願寺派
真宗大谷派
（真宗高田派など八派）
時宗 1274
時宗
融通念仏宗 1124
融通念仏宗
禅系
臨済宗 1191
臨済宗妙心寺派など
曹洞宗 1227
曹洞宗
黄檗宗 1661
黄檗宗
日蓮系
日蓮宗 1253（一致派）
日蓮宗
1595
日蓮宗不受不施派
（勝劣派）
法華宗など
（興門派）
1290
日蓮正宗
日蓮系新宗教教団

（文化庁編『宗教年鑑』平成19年版より）

【執筆者一覧（五十音順）】

井筒《いづつ》 與兵衛《よへえ》	（株）Izutu Mother 代表取締役／風俗博物館館長
井上《いのうえ》ウィマラ	高野山大学准教授
瓜生津《うりゅうづ》 隆文《りゅうぶん》	芦屋仏教会館理事
瓜生《うりゅう》　中《なか》	作　家
川副《かわぞえ》 春海《しゅんかい》	佐賀・専称寺住職
佐藤《さとう》　厚《あつし》	東洋大学非常勤講師
菅沼《すがぬま》　晃《あきら》	東洋大学名誉教授
塩入《しおいり》 法道《ほうどう》	大正大学教授／信濃国分寺住職
清水《しみず》 祐孝《ひろたか》	（株）鎌倉新書代表取締役
高梨《たかなし》 尚之《しょうし》	群馬・永福寺住職／典座ネット主宰
田村《たむら》 晃祐《こうゆう》	東洋大学名誉教授
蓑輪《みのわ》 顕量《けんりょう》	東京大学大学院教授
村越《むらこし》 英裕《えいゆう》	沼津・龍雲寺住職
浜島《はまじま》 典彦《てんげん》	東京・修性院住職
藤原《ふじわら》 東演《とうえん》	静岡・宝泰寺住職
宮元《みやもと》 啓一《けいいち》	國學院大学教授
安富《やすとみ》 信哉《しんや》	大谷大学特別任用教授
山田《やまだ》 俊尚《しゅんしょう》	東京・目黄不動尊最勝寺住職
山口《やまぐち》 史恭《しきょう》	大正大学非常勤講師／会津・金剛寺副住職
横井《よこい》 教章《きょうしょう》	結城・安穏寺住職／曹洞宗総合研究センター委託研究員
渡辺《わたなべ》 研二《けんじ》	大正大学非常勤講師

本書は『大法輪』平成20年9月号特集「違いと特徴でみる仏教」、同21年5月号特集「図解・お寺と宗派の見分け方」を再編集したものです。

くらべて分かる **違いと特徴でみる仏教**

平成22年 7月10日　第1刷発行 ©

編　者　大法輪閣編集部
発行人　石　原　大　道
印刷所　三協美術印刷株式会社
製　本　株式会社 越後堂製本
発行所　有限会社 大 法 輪 閣
東京都渋谷区東2−5−36　大泉ビル2F
TEL　(03) 5466-1401(代表)
振替　00130-8-19番

ISBN978−4−8046−1304−8　C0015　Printed in Japan